UN MÉTIER À VOTRE MESURE

$7^h \rightarrow 8^h05$

$7^h49 \rightarrow 8^h29$

$7^h25 \rightarrow 8^h10$

UN MÉTIER
À VOTRE MESURE

Jim Barrett   Geoff Williams

Chantecler

Table des matières

Chapitre 1

Bilan 1: Qui suis-je?

Ce livre est conçu comme un guide pour aider les personnes qui souhaitent réussir pleinement leur carrière professionnelle. Il est basé sur des recherches scientifiques sérieuses et sur une utilisation pratique de la psychologie. Ce livre est également conçu pour vous divertir. La combinaison d'un objectif sérieux et d'un certain plaisir, telle sera notre approche. De la même façon, il n'y a aucune raison pour que votre carrière professionnelle ne vous apporte pas du plaisir; en fait, il est largement prouvé que si vous exercez votre activité avec plaisir, vous serez également plus productif. Donc, si votre carrière vous donne le cafard, soit parce que vous ne savez pas quelle voie choisir, soit parce que vous vous ennuyez, lisez ce livre! Nous croyons que votre réussite dépend en grande partie de vous-même. Si votre situation actuelle ne vous donne pas satisfaction, changez-la. Ce livre vous aidera à faire de votre carrière ce que vous voulez vraiment qu'elle soit.

Cet ouvrage est destiné principalement à deux types de personnes: celles qui n'ont pas encore débuté leur carrière, ou celles qui exercent déjà une profession, mais qui pensent que la voie qu'elles ont choisie n'est pas celle qui leur convient le mieux. Mais vous appartenez peut-être à une troisième catégorie: les personnes qui apprécient simplement un livre tel que celui-ci, et qui souhaitent combiner le plaisir de la lecture tout en faisant le point sur leur situation actuelle et sur elles-mêmes.

Quelles que soient vos motivations pour lire ce livre, il peut vous aider à prendre de meilleures décisions en ce qui concerne votre avenir. Il est triste en effet de voir le nombre de personnes qui sont indécises quant à leur carrière: ces personnes, à moins qu'elles ne trouvent un emploi qui leur convienne, n'auront jamais l'opportunité d'utiliser pleinement leurs potentialités. Il s'agit également d'un gaspillage de ressources humaines et d'une cause de frustrations et de stress. Trop souvent, le passage entre l'école et les études supérieures et, ensuite, entre ces études et la vie professionnelle n'est pas planifié. Il arrive parfois que des personnes passent directement de l'école vers un emploi existant dans leur région, sans tenir compte de leur potentiel ou des opportunités parfois limitées présentes dans cette région. On se dirige parfois vers un emploi qui semble offrir le meilleur salaire, ou la plus grande sécurité, sans tenir compte de la façon dont on réagira au niveau psychologique à plus long terme. D'autres personnes ne songent qu'à se conformer à ce que les parents, l'école et les amis attendent d'eux.

En choisissant un métier, vous devez faire attention à deux éléments: premièrement, vous devez vous connaître vous-même, et deuxièmement, vous devez prendre en compte ce que le monde a à vous offrir. Au bout du compte, votre propre succès et votre bonheur dépendent de vous – quel que soit le sens que vous leur donnez. Un emploi qui satisfait une personne ne vous conviendra peut-être pas. Vous devez maintenant faire votre propre choix en déterminant ce que vous réussissez le mieux et ce que vous aimez le plus faire.

Ce livre vous aidera à structurer votre carrière. Structurer, voilà le mot-clé! Si vous suivez la méthode que nous vous proposons, vous serez à même de choisir un métier de façon plus pondérée et plus créative, parce que vous serez mieux informé. Pour cela, vous devrez appliquer les 3 modèles de structure qui déterminent la relation carrière-potentialités. Ils vous permettront de définir un cadre pour éclairer vos choix et construire votre propre carrière. Lorsque vous aurez réalisé les différents tests de ce livre, vous pourrez alors rassembler tous ces éléments au chapitre 5, page 156.

Les tests et les questionnaires vous donneront une idée de ce que vous réalisez le mieux (vos aptitudes), de ce qui correspond le mieux à votre style et à votre comportement (votre personnalité), et de ce qui semble le plus à même de stimuler votre intérêt (votre motivation). La partie suivante explicite l'importance de cette information pour le choix de votre métier. Plutôt que de cibler rapidement la carrière idéale pour vous, il s'agit plutôt de proposer un système structuré qui vous permettra d'effectuer votre auto-évaluation. Ces résultats vous seront constamment utiles: vos potentialités naturelles révélées par ces tests ne se modifient pas au fil du temps.

La structure des aptitudes

Ce que ce livre cherche à définir, c'est qui vous êtes vraiment. C'est-à-dire la personne que vous souhaitez être, et pas nécessairement celle que vous êtes actuellement. C'est pourquoi nous utilisons souvent le mot "aptitude" qui possède une signification particulière en psychologie: d'un côté votre potentiel inné, de l'autre ce que vous pouvez apprendre. L'aptitude est un réservoir de potentialités. Et peut-être que vous n'avez pas encore acquis l'expérience nécessaire pour révéler vos propres aptitudes intellectuelles. Les tests d'aptitudes cherchent à identifier ces talents qui ne sont pas uniquement dépendants de l'apprentissage et de la connaissance. En testant votre potentiel latent, vous découvrirez certainement des aptitudes que vous n'avez pas encore exploitées et que vous pouvez développer. Il n'est pas toujours facile pour un profane de comprendre comment les tests d'aptitudes indiquent ce dont vous êtes capable dans la vie de tous les jours. Ces tests mettent le doigt sur votre manière d'aborder les choses, de raisonner et de réagir face à un problème. Les tests en eux-mêmes semblent bien éloignés de la routine quotidienne. En réalité, ils font appel au potentiel nécessaire dans la vie. Il est probablement évident que tous les efforts humains résultent de connections particulières dans le cerveau humain, que ce soit pour construire des ponts, pour voyager dans l'espace ou pour écrire un poème.

Du fait que les tests d'aptitudes minimisent l'importance souvent donnée à la formation, des déductions telles que celle-ci pourraient être faites: "Cette personne a une capacité de raisonnement plus élevée que celle de la plupart des lycéens ayant pour option les sciences." On peut aisément déduire de cette information que cette personne réussira des études scientifiques, à condition que d'autres

facteurs soient présents. Dans le choix des études, il faut naturellement aussi tenir compte de la motivation. Mais il est évident que si
l'on semble avoir plus de dispositions pour certaines matières, on
ne perdra pas son temps à faire quelque chose qui ne donnera qu'un
résultat médiocre.

Ces tests sont très utiles pour révéler ce qu'une personne est capable de faire. Par contre, ils ne sont pas aussi efficaces pour indiquer
ce qu'une personne n'est pas capable de faire, car la détermination
d'un individu pour faire quelque chose peut déplacer des monta-
gnes. Ce que l'on peut dire, c'est que ces tests se révèlent être une
excellente base pour prédire les performances d'un individu dans
un domaine particulier. Il s'agit d'un progrès important par rapport
aux tests du QI (Quotient Intellectuel) qui ne donnent qu'un chiffre
qui en soi ne veut pas dire grand-chose. En effet, le fait que vous et
moi possédions un Quotient Intellectuel de 100 (la moyenne) ne
nous aide pas beaucoup, parce que votre score de 100 sera sans
doute complètement différent du mien. Vous obtiendrez peut-être
un score de 100 parce que vous êtes doué pour les mathématiques,
tandis que moi j'aurai atteint 100 parce que j'y entends quelque
chose en mécanique. Ce sont nos différences qui nous définissent
vraiment, pas nos similitudes, et nous devons tenir compte de ces
différences si nous voulons les utiliser correctement.

Les modèles de structure utilisés vous donnent une information de
base sur les principales potentialités cachées. Vos points forts dans
la réalisation de ces tests vous en diront long sur les études et le
métier dans lesquels vous réussirez le mieux et le plus rapidement.
Et vous serez sans aucun doute plus heureux en réalisant ce pour
quoi vous avez des dispositions. L'une des causes principales de
l'insatisfaction au travail est le sentiment d'avoir certaines capacités qui ne sont pas exploitées.

La structure de la personnalité

Dans la plupart des occupations, les aptitudes ne peuvent être efficacement utilisées que si certaines dispositions et traits de caractè-

re sont également présents. Un mathématicien doit faire preuve de discipline ainsi que d'intelligence; un assistant social doit avoir une pensée logique, mais l'altruisme, l'attention et la patience sont bien plus importants; le directeur d'une société doit avoir un esprit mathématique, mais il doit également être autoritaire et faire preuve d'empathie. Les chapitres qui traitent de la personnalité et des motivations (chapitres 3 et 4) doivent donc être considérés sur le même plan que le chapitre parlant des aptitudes (chapitre 2).

Les êtres humains sont très flexibles en ce qui concerne les conditions et les relations de travail qu'ils sont prêts à accepter. Parfois, ils se décevront eux-mêmes autant qu'ils décevront les autres en prétendant qu'ils s'accommodent de quelque chose parce qu'ils le veulent réellement. Certaines personnes occupent parfois pendant des années un poste qui ne convient pas à leur personnalité.

On sait, à présent, que la productivité est influencée par le fait qu'une personnalité donnée correspond à un travail à accomplir. Lorsque ce n'est pas le cas, des frictions internes entre les employés se créent, avec pour conséquence une baisse des résultats. Une mauvaise ambiance de travail entraîne une mauvaise qualité de la production, alors que les résultats et la qualité sont en hausse quand les gens sont heureux.

La personnalité est donc importante même si, à court terme, cela n'apparaît pas: la plupart des gens supportent le stress et les tensions à court terme. C'est à long terme, et pour votre bien-être, que vous avez besoin d'un travail qui corresponde à votre caractère.

On pense parfois qu'il est possible de modifier sa personnalité, et par conséquent de s'adapter à n'importe quel type de travail. Mais il est faux de penser que c'est la situation qui modèle la personne parce que, avec le temps, les individus auront toujours tendance à rechercher un emploi qui leur convient mieux. Cette idée que la personnalité ne se modifie pas apparaît dans le fait que nous nous connaissons mutuellement et que nous savons ce que nous pouvons attendre les uns des autres.

La personnalité varie dans la même mesure que les caractéristiques physiques. Bien que les changements les plus importants de la personnalité se produisent lors du passage de l'enfance à l'âge adulte, il subsiste toujours des traits de caractère qui demeurent constants depuis l'enfance. Les gens changent, mais les modifications, fruits de l'expérience acquise, sont très lentes.

Les tests de personnalité prennent souvent la forme de questions sur des idées personnelles, des sentiments et des façons d'agir. Vous devez répondre honnêtement si vous voulez cerner de façon réaliste votre personnalité. Ces tests sont différents des tests d'aptitudes dans la mesure où il n'existe pas de bonne réponse. Ce qui apparaît est correct, uniquement parce qu'il s'agit de votre vraie nature. Si vous rêvez d'être doté de certains traits de caractère que vous ne possédez pas, mais que vous admirez chez les autres, vous devez vous dire que ces mêmes personnes admirent peut-être en vous d'autres traits.

Par exemple, les gens disent souvent qu'ils aimeraient être plus extravertis parce qu'ils souhaitent être plus sociables lors de réunions, pouvoir prendre la parole en public et devenir le centre d'intérêt. Etonnamment, il a été démontré que les personnes extraverties admirent souvent les gens qui ont un tempérament plus calme et plus réfléchi parce qu'elles pensent que des personnes introverties réussissent des choses plus importantes.

Tout comme le modèle d'aptitudes, le modèle de personnalité vous donne un canevas descriptif de votre personnalité. Celui-ci vous indique des pistes pour mettre en relation – de façon systématique et objective – votre tempérament avec différentes carrières possibles.

La structure des motivations

Si vous demandez aux gens ce qu'ils veulent vraiment, ils répondront peut-être mais ce ne sont là que quelques personnes privilégiées! La plupart des gens n'en sont pas certains, parce qu'ils ne connaissent pas leur propre potentiel ou parce qu'ils n'ont pas idée des opportunités qui existent pour eux. Certaines personnes font des rêves éveillés dans lesquels elles sont miraculeusement transportées dans une situation qui leur apporte la renommée, la richesse et une vie plus excitante.

Les tests de motivation permettent de vous éclairer quant à vos ambitions. Le modèle que nous utilisons permet d'aller au-delà de vos intérêts provisoires et de votre connaissance (peut-être) limitée des possibilités de carrières: il vous permet de confronter vos aspirations cachées aux possibilités existantes.

Que vous soyez encore jeune et deviez débuter une carrière ou que vous pensiez à réorienter votre carrière, vos centres d'intérêts cachés restent constants. Il est vrai que les intérêts, tout comme la personnalité, changent lorsqu'une personne devient adulte. Dans la première partie de votre vie, vos motivations seront sans doute dictées par certaines expériences ou encore par les encouragements de vos parents et amis proches. Sans possibilité de comparaison – donnée par le modèle de motivation proposé ici – beaucoup de personnes pensent qu'elles pourraient réussir aussi bien qu'un chanteur connu, prendre de meilleures décisions que certains politiciens, écrire des livres, cultiver des fleurs, faire des découvertes, aider les autres ou peut-être tout quitter – les possibilités sont innombrables. Le point clé est de définir d'abord ce qui vous intéresse réellement, ensuite vous pourrez vraisemblablement réussir ce que vous entreprendrez et en être satisfait. Les gens ne se rendent pas toujours compte de la force de leurs aspirations; notre méthode structurée et objective vous permettra d'envisager les nombreuses possibilités et vous montrera ensuite dans quelle mesure vous vous destinez à un certain type de carrière.

Vous trouverez sans doute que les tests de motivation sont souvent très simples: on vous demandera par exemple de choisir le travail qui vous plaît parmi deux possibilités. Vous devrez également indiquer quel type d'activité vous plaît, ce qui vous empêchera peut-être de dire au début: "Oh, je ne pourrai jamais faire cela", ou "Ce diplôme, je ne l'aurai jamais", ce qui ne serait pas une critique exacte de votre personne.

Si vous établissez d'abord ce qui vous attire le plus sans imposer de limites, les résultats des structures de personnalité et des capacités peuvent vous aider à déterminer dans quelle mesure et de quelle manière vous devez construire et développer votre carrière professionnelle.

Y a-t-il des choses que l'on ne peut pas tester?

De nombreux facteurs peuvent entrer en ligne de compte pour certains types d'emplois ou dans certaines situations professionnelles particulières. L'approche structurée de ce livre sert à donner une orientation générale. Mais il y a bien des considérations générales qui doivent être prises en compte avant de prendre une décision définitive à propos de ce que vous allez faire.

Premièrement, vous devez garder à l'esprit que certaines professions nécessitent des qualités physiques que vous ne possédez peut-être pas.

Deuxièmement, il se peut que vous trouviez une profession qui vous semble idéale, mais qu'il vous soit impossible d'obtenir les qualifications nécessaires parce que le système scolaire ne permet pas d'inscriptions à votre âge. Votre propre situation est le facteur le plus important. Cela veut dire que vont vous influencer le lieu où vous habitez, vos attaches familiales et d'autres facteurs de ce genre. Par exemple, il existe de nombreux facteurs qui empêchent une personne de tout quitter pour réaliser ses propres ambitions. Cela ne veut pas dire que les circonstances seront toujours négatives ou vous empêcheront d'agir – il s'agit parfois de décider de ce qui est, pour vous, le plus important à un moment donné. Mais il va de soi qu'il n'est pas souvent possible d'atteindre une chose sans en abandonner une autre.

Les personnes qui veulent donner un nouveau sens à leur carrière rencontreront plus de difficultés que celles qui démarrent, parce que les circonstances sont souvent plus compliquées. Les personnes qui se trouvent en milieu de carrière prennent un plus grand risque en abandonnant leur emploi. Beaucoup de personnes pensent qu'une certaine insatisfaction dans leur emploi n'est qu'un petit prix à payer pour la sécurité et le bonheur au sein de leur famille. Il s'agit souvent d'une question de compromis. Mais faire des compromis en connaissance de cause, c'est souvent mieux que de subir une situation, simplement parce que l'on pense que l'on ne peut pas faire autrement.

L'information que vous obtiendrez de ce livre vous sera utile. Il est toujours préférable d'être informé plutôt que de rester dans l'ignorance. Lorsque vous vous trouvez face aux résultats des tests et questionnaires, vous devez vous demander si ces résultats sont logiques et correspondent à votre personnalité, et s'ils apparaissent comme très surprenants ou non. Cela ne signifie pas que ces tests vous diront ce que vous savez déjà. Ils feront plutôt apparaître des idées plus explicites, des attentes, des sentiments et des capacités dont vous êtes conscient depuis longtemps peut-être, mais que vous avez rejetés, ou que vous vous êtes caché.

En résumé, ce livre peut vous donner une image pertinente de la manière d'utiliser au mieux votre potentiel; il peut constituer une évaluation utile et objective pour les personnes en milieu de carrière; il peut aider les jeunes gens qui ont besoin d'être guidés dans le choix de leurs études et de leur future carrière; il peut également être utile aux personnes qui envisagent une seconde carrière. Notre but est qu'il vous soit profitable, qui que vous soyez et quel que soit le but que vous voulez atteindre.

Chapitre 2

Les compétences:
de quoi suis-je capable?

Nos compétences sont un mélange d'aptitudes naturelles sous-jacentes, d'expériences et de connaissances acquises.

Vous vous faites sans doute déjà une bonne idée de votre savoir, c'est-à-dire du type de qualifications que vous possédez et de l'expérience que vous avez acquise par la même occasion. A partir de là, vous savez quels sont les types d'activités plus faciles pour vous, et celles qui vous semblent plus difficiles.

Malheureusement, beaucoup de personnes ne choisissent pas les bonnes matières à l'école, les bonnes matières étant celles que l'on peut étudier le plus facilement. Trop fréquemment, nos choix sont déterminés par d'autres considérations, telles que le respect et la sympathie que nous avons pour tel ou tel professeur, leurs qualités en tant qu'enseignants, l'idée qu'ont nos parents et amis des matières qui nous conviendraient le mieux, ou encore les possibilités offertes par l'école. Une fois que nous avons commencé à nous spécialiser, il devient très difficile d'avoir une idée claire des autres options possibles.

Dans ce livre, nous nous préoccupons des aptitudes, autrement dit de la façon dont nous abordons naturellement des problèmes et difficultés, et de nos méthodes innées de raisonnement. Certaines de ces aptitudes peuvent être aisément mises en rapport avec des matières académiques, tandis que d'autres non. Ainsi donc, même si nous trouvons que nos aptitudes s'accordent avec les matières que nous avons étudiées et réussies, nous pourrons également découvrir des "talents cachés" que nous n'avons pas encore totalement exploités.

La plupart d'entre nous peuvent réussir plus ou moins bien dans un certain nombre de matières. Les différences principales tiennent plutôt dans la facilité plus ou moins grande avec laquelle nous réglons des problèmes dans un domaine particulier. De même, nous pouvons souvent dissimuler une faiblesse et la faire passer pour une capacité, si nous faisons preuve de beaucoup de détermination et de persévérance. Mais nous serons sans aucun doute plus productifs si nous utilisons complètement nos meilleures aptitudes, plutôt que de nous reposer sur celles que nous ne maîtrisons pas aussi bien. En terme de carrière, cela signifie que nous pourrons évoluer plus vite et plus efficacement que si nous devons tout le temps lutter dans le seul but de nous maintenir à niveau.

Les tests d'aptitudes

Les tests d'aptitudes sont constitués d'une série de tests qui doivent être complétés en un temps limité. Cela vous donnera une idée de vos capacités lorsque vous devrez raisonner dans un certain domaine. Si vous disposiez d'un temps illimité, vous arriveriez probablement à répondre correctement à toutes les questions, mais cela ne vous indiquerait pas quel est le type de raisonnement qui vous convient le mieux et qui est le plus facile pour vous. Donc, soyez strict avec vous-même en ce qui concerne cette limite de temps.

Tous les tests sont basés sur des épreuves de 10 minutes, bien que dans le test d'acuité, on trouve deux parties de 5 minutes chacune. Nous vous recommandons fortement de terminer l'ensemble des tests avant d'aller voir vos résultats et, dans la mesure du possible, de réaliser une batterie de tests en une seule fois. Cela signifie qu'il vous faudra plus ou moins compter une heure et demi à deux heures pour lire les instructions, faire les exemples et les comprendre, et réaliser les tests.

Avant chaque série de tests, vous trouverez quelques exemples qui vous donneront une idée des questions auxquelles vous aurez à répondre. Bien entendu, les questions du vrai test seront plus difficiles! Mais ne commencez pas un test avant d'avoir bien compris les exemples. Comme pour tous les tests de ce livre, vous avez la possibilité de modifier vos résultats pour les rendre meilleurs qu'ils ne le sont en réalité. Mais rappelez-vous que vous ne ferez alors que tricher avec vous-même!

Aptitude verbale

Voici un test pour voir comment vous raisonnez avec des mots.

Pour chaque question, quatre propositions sont présentées. Entourez d'un cercle celle qui vous semble correcte. Il y a plusieurs types de questions. En voici quelques-unes pour vous entraîner.
La première d'entre elles a été complétée pour vous, afin de vous montrer comment répondre.

Exemples

1. Le garçon est à l'homme ce que la fille est
(a) à l'éléphant   (b) à l'enfant   (c) à la femme   (d) au cheval

2. Rocher est assimilable à:
(a) pierre   (b) montagne   (c) rouleau   (d) eau

3. Le tracteur est à la remorque ce que le cheval est
(a) à l'écurie   (b) à la charrette   (c) à la selle   (d) au moteur

4. Quel est le contraire de nord?
(a) sud   (b) est   (c) froid   (d) chaud

5. Qu'est-ce qu'une étable?
(a) un pâturage   (b) un cheval   (c) une fontaine   (d) un bâtiment

Vérifiez vos réponses à la page 20.

Vous pouvez à présent commencer le test complet proposé à la page suivante. Vous disposez de *10 minutes* pour répondre à un maximum de questions. Vous devez travailler avec précision et le plus rapidement possible. Prêt? Lancez le chronomètre et démarrez.

Test d'aptitude verbale

1. La Lune est à la Terre ce que la Terre est
   (a) au Soleil (b) à Mars (c) aux étoiles (d) à l'Univers

2. Tôt est l'opposé de
   (a) matin (b) tard (c) ajourné (d) petit déjeuner

3. L'homme est à la masculinité ce que la femme est
   (a) à l'intuition (b) à la dame (c) à la fille (d) à la féminité

4. Quel est le contraire d'espérance?
   (a) foi (b) misère (c) désespoir (d) peine

5. Le cercle est à la sphère ce que le carré est
   (a) à la balle (b) au cube (c) au polygone (d) au triangle

6. L'armée est à la terre ce que la marine est
   (a) à la mer (b) à la montagne (c) aux navires (d) à l'aviation

7. Quel est le synonyme de portion?
   (a) totalité (b) partie (c) éclat (d) rien

8. La chaussette est au pied ce que le chapeau est
   (a) au bandage (b) aux cheveux (c) à la tête (d) au visage

9. Que signifie solitaire?
   (a) bondé (b) diamant (c) partenaire (d) seul

10. La sagesse est à la folie ce que la vanité est à
    (a) la modestie (b) la beauté (c) la suffisance (d) la fierté

11. Dynamique est l'opposé de
    (a) électrique (b) nonchalance (c) statique (d) résistant

12. Le cheval est au jockey ce que la voiture est
    (a) au véhicule (b) au passager (c) à la charrette
    (d) au conducteur

13. Quel est le contraire d'habile?
    (a) grossier (b) rustique (c) misérable (d) gauche

Réponses aux exemples des questions de la page 18

1. (c)
2. (a)
3. (b)
4. (a)
5. (d)

Vérifiez vos réponses. Si vous avez fait une faute, regardez à nouveau la question pour voir d'où provient votre erreur.

14. Que signifie débattre?
    (a) commenter (b) parler (c) argumenter (d) créer

15. Un thermomètre est à la température ce qu'un tachymètre est
    (a) à la vitesse (b) à la chaleur (c) au temps (d) à un avion

16. La phrase est au paragraphe ce que le mot est
    (a) à la lettre (b) à la phrase (c) au paragraphe (d) à la ligne

17. Quel est l'intrus?
    (a) marcher (b) courir (c) s'agenouiller (d) sauter

18. Le grand-père est toujours plus... que son petit-fils
    (a) sage (b) petit (c) jeune (d) grand

19. Quel est l'intrus?
    (a) pirater (b) frauder (c) vendre (d) tricher

20. Quelle est l'avant-dernière lettre du mot LEST?
    (a) L (b) E (c) S (d) T

21. Qu'est-ce qu'une turbine?
    (a) un poisson (b) un moteur (c) un travail (d) un légume

22. Le capital est à l'intérêt ce que le travail est
    (a) à la dépense (b) au salaire (c) au crédit (d) à la fatigue

23. Jamais est à rarement ce que toujours est à
    (a) occasionnellement (b) couramment (c) souvent
    (d) chaque fois

24. Certitude est l'opposé de
    (a) exactitude (b) précision (c) doute (d) imprécision

25. Quel est le contraire d'économe?
    (a) avare (b) dispendieux (c) riche (d) généreux

26. Le boulon est à l'écrou ce que le crochet est
    (a) à la vis (b) au tournevis (c) à l'arbre (d) au tableau

27. Quel est le contraire de presque toujours?
    (a) quelquefois (b) souvent (c) jamais (d) rarement

28. L'hérédité est à l'environnement ce que la nature est
    (a) à l'alimentation (b) à l'ascendance (c) à la santé
    (d) à l'animal

29. Le mot… a le même sens que le mot effet
    (a) cause (b) résultat (c) changement (d) influence

30. Le fourreau est à l'épée ce que le carquois est
    (a) à la cible (b) au fourreau (c) à l'arc (d) à la flèche

31. La plume est à l'oiseau ce que la clôture est
    (a) au jardin (b) au piquet (c) à la haie (d) à la maison

32. Celui qui feint d'être ce qu'il n'est pas vraiment est
    (a) naïf (b) hypocrite (c) vaniteux (d) prétentieux

33. L'infirmière est au docteur ce que la secrétaire est
    (a) au dentiste (b) à l'ordinateur (c) au directeur (d) au bureau

34. Quel est l'intrus?
    (a) mariage (b) résiliation (c) divorce (d) séparation

35. Quel est l'intrus?
    (a) chien (b) chasse (c) renard (d) affût

36. Lequel arrive en troisième position dans l'ordre alphabétique?
    (a) faction (b) factice (c) facteur (d) factieux

37. Restriction est le contraire de
    (a) abondance (b) prolixe (c) méticuleux (d) économie

38. L'infanterie est à la terre ce que la marine est à
    (a) la mer (b) la montagne (c) l'OTAN (d) l'aviation

39. Quel est l'intrus?
    (a) simulation (b) subterfuge (c) faux-fuyant (d) répugnance

40. Direct est à tortueux ce que lent est à
    (a) expéditif (b) droit (c) courbé (d) apathique

COMPLÉTEZ TOUS LES TESTS AVANT DE REGARDER LES RÉPONSES.

Aptitude numérique

Ce test détermine votre plus ou moins grande capacité de raisonnement numérique.

Le test consiste en une série de nombres qui se suivent selon une certaine logique. Vous devez retrouver cette logique et indiquer quel est le nombre qui continue la suite, en choisissant parmi les quatre propositions. Lorsque vous avez trouvé la réponse correcte, entourez-la d'un cercle ou barrez-la d'une croix.

Essayez d'abord avec ces quelques exemples. Le premier a été complété pour vous.

Exemples

1. 1 2 3 4 5   (a) 6 (b)7 (c)5 (d)10

2. 12 10 8 6 4   (a)3 (b)2 (c)1 (d)0

3. 2 4 8 16 32   (a)56 (b)72 (c)144 (d)64

4. 3 4 6 9 13   (a)15 (b)18 (c)17 (d)20

5. 1 1 2 3 5   (a)7 (b)10 (c)8 (d)9

6. 729 243 81 27 9   (a)3 (b)4 1/2 (c)6 (d)-18

Vérifiez vos réponses à la page suivante.

Réponses aux exemples de la page 23

1. (a)
2. (b)
3. (d)
4. (b)
5. (c)
6. (a)

Vérifiez vos réponses. Si vous avez fait une faute, regardez à nouveau la question pour voir d'où provient votre erreur.

Vous pouvez à présent commencer le test complet proposé à la page suivante. Vous disposez de *10 minutes* pour répondre à un maximum de questions. Vous devez travailler avec précision et le plus rapidement possible. Prêt? Lancez le chronomètre et démarrez.

Test d'aptitude numérique

1.   1   3   5   7   9   (a)8   (b)11   (c)12   (d)13

2.   1/2   1   2   4   8   (a)12   (b)24   (c)16   (d)18

3.   3   5   8   12   17   (a)25   (b)26   (c)22   (d)23

4.   2   2   4   6   10   (a)14   (b)10   (c)20   (d)16

5.   4   8   16   32   64   (a)96   (b)100   (c)128   (d)112

6.   81   27   9   3   1   (a)1/2   (b)1   (c)1/3   (d)1/6

7.   0.1   0.3   0.5   0.7   0.9   (a)1.1   (b)0.11   (c)11   (d)0.011

8.   1   4   9   16   25   (a)32   (b)36   (c)48   (d)49

9.   5   9   17   33   65   (a)101   (b)108   (c)143   (d)129

10.   0   3   8   15   24   (a)36   (b)30   (c)35   (d)31

11.   1   8   27   64   125   (a)250   (b)216   (c)185   (d)196

12.   5   7   11   17   25   (a)35   (b)27   (c)31   (d)39

13.   4   5   7   11   19   (a)33   (b)27   (c)37   (d)35

14.   0   3   2   5   4   (a)8   (b)7   (c)9   (d)6

15.   0   8   8   16   24   (a)40   (b)24   (c)32   (d)48

16.   2   5   11   23   47   (a)80   (b)95   (c)92   (d)101

17.   10   25   12   30   14   (a)16   (b)50   (c)24   (d)35

18.   3   9   6   15   9   (a)8   (b)15   (c)12   (d)21

19.   50   40   100   90   150   (a)200   (b)180   (c)140   (d)300

20.   2   4   4   16   16   (a)32   (b)64   (c)24   (d)256

21.   15   9   24   33   57   (a)80   (b)90   (c)89   (d)48

COMPLÉTEZ TOUS LES TESTS AVANT DE REGARDER LES RÉPONSES.

Aptitude perceptive

Ce test détermine la facilité de raisonner avec des symboles et des formes.

Chaque question est suivie de quatre réponses et, lorsque vous pensez avoir trouvé la réponse correcte, entourez-la d'un cercle ou barrez-la d'une croix. La première question a été complétée pour vous.

Exemples

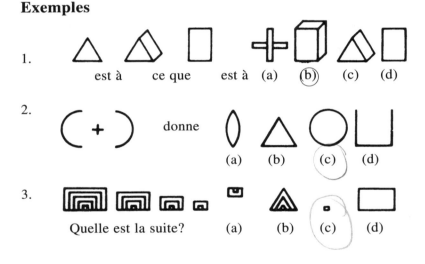

1. est à   ce que   est à   (a)   (b)   (c)   (d)

2.   donne   (a)   (b)   (c)   (d)

3. Quelle est la suite?   (a)   (b)   (c)   (d)

Vérifiez vos réponses à la page 28.

Vous pouvez à présent commencer le test complet proposé à la page suivante. Vous disposez de *10 minutes* pour répondre à un maximum de questions. Vous devez travailler avec précision et le plus rapidement possible. Prêt? Lancez le chronomètre et démarrez.

Test d'aptitude perceptive

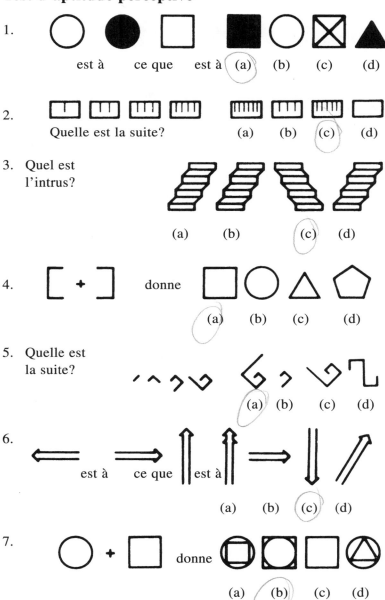

1. est à   ce que   est à   (a)   (b)   (c)   (d)

2. Quelle est la suite?   (a)   (b)   (c)   (d)

3. Quel est
    l'intrus?
                (a)   (b)   (c)   (d)

4. [•]   donne
                (a)   (b)   (c)   (d)

5. Quelle est
    la suite?
                (a)   (b)   (c)   (d)

6. est à   ce que   est à   (a)   (b)   (c)   (d)

7. ○ • □   donne
                (a)   (b)   (c)   (d)

Réponses aux exemples de la page 26

1. (b)
2. (c)
3. (c)

> *Vérifiez vos réponses. Si vous avez fait une faute, regardez à nouveau la question pour voir d'où provient votre erreur.*

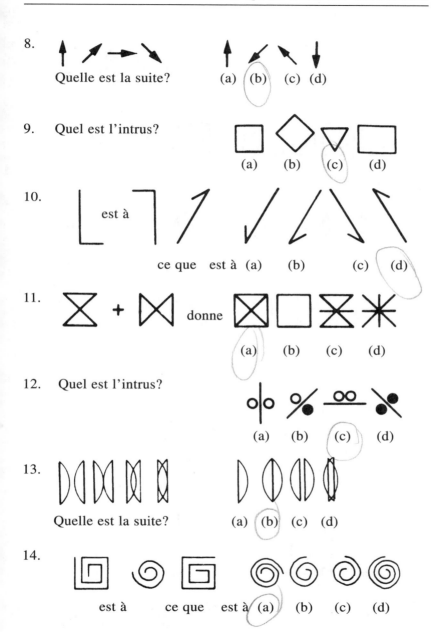

8. Quelle est la suite?   (a) (b) (c) (d)

9. Quel est l'intrus?   (a) (b) (c) (d)

10. ⌐ est à ⌐ ce que est à (a) (b) (c) (d)

11. + donne (a) (b) (c) (d)

12. Quel est l'intrus?   (a) (b) (c) (d)

13. Quelle est la suite?   (a) (b) (c) (d)

14. est à ce que est à (a) (b) (c) (d)

29

15. Quel est l'intrus?

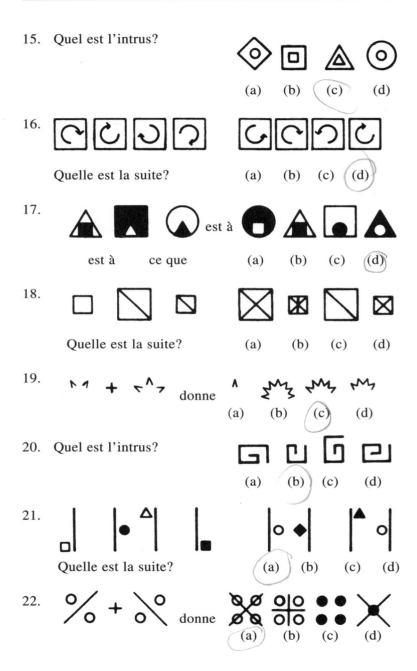

16.

Quelle est la suite?

17.

est à ce que

18.

Quelle est la suite?

19.

donne

20. Quel est l'intrus?

21.

Quelle est la suite?

22.

donne

23. Quel est l'intrus?

(a)   (b)   (c)   (d)

24.

+   ┌   donne

(a)   (b)   (c)   (d)

25.

est à   ce que   est à   (a)   (b)   (c)   (d)

26.

Quelle est la suite?   (a)   (b)   (c)   (d)

27.

+   donne

(a)   (b)   (c)   (d)

28.

Quelle est la suite?   (a)   (b)   (c)   (d)

29.

Quelle est la suite?   (a)   (b)   (c)   (d)

30. Quel est l'intrus?

(a)   (b)   (c)   (d)

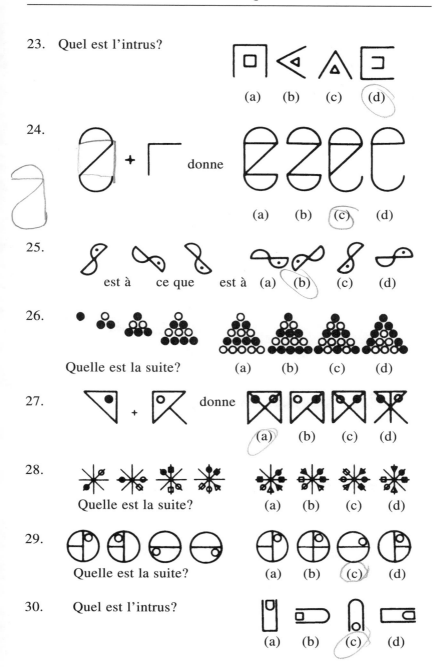

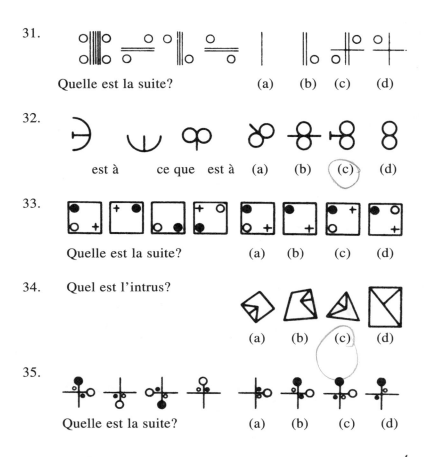

31.

Quelle est la suite?   (a)   (b)   (c)   (d)

32.

est à   ce que   est à   (a)   (b)   (c)   (d)

33.

Quelle est la suite?   (a)   (b)   (c)   (d)

34.   Quel est l'intrus?

(a)   (b)   (c)   (d)

35.

Quelle est la suite?   (a)   (b)   (c)   (d)

COMPLÉTEZ TOUS LES TESTS AVANT DE REGARDER LES RÉPONSES.

Aptitude spatiale

Ce test détermine votre capacité à visualiser et à manipuler des formes et des figures dans l'espace. On ne vous demandera pas de raisonner avec des objets mais de les faire bouger le plus rapidement possible dans un espace tridimensionnel.

Vous devez, à chaque question, répondre par un 'O' pour oui ou par un 'N' pour non. Vous trouverez deux types de questions. Voici quelques exemples:

Type 1
On vous montre un objet en trois dimensions représenté "à plat", comme si on l'avait découpé dans une feuille de carton.

Par exemple, si vous dépliez ce cube,

la forme que vous obtiendrez sera celle-ci:

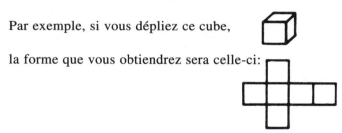

Cette forme dépliée est suivie de trois ou quatre modèles en trois dimensions et vous devez indiquer, pour chacun d'eux, s'ils peuvent être réalisés à partir de cette forme dépliée.

Type 2
Cette fois, on vous présente deux formes et la deuxième doit être soustraite de la première. Vous trouverez ensuite trois ou quatre autres formes, et vous devrez indiquer, pour chacune d'entre elles, si elle correspond ou non au résultat de cette soustraction.

Exemples

Entourez la bonne réponse pour chaque numéro. Les premiers ont été complétés pour vous.

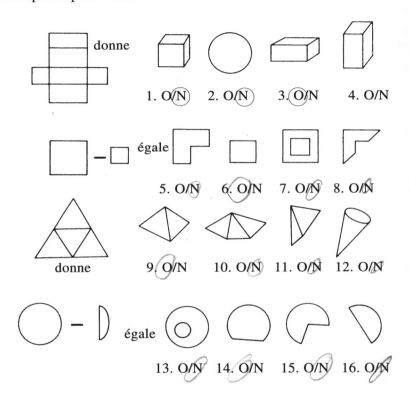

Vérifiez vos réponses à la page 36.

Vous pouvez à présent commencer le test complet proposé à la page suivante. Vous disposez de *10 minutes* pour répondre à un maximum de questions. Vous devez travailler avec précision et le plus rapidement possible. Prêt? Lancez le chronomètre et démarrez.

Test d'aptitude spatiale

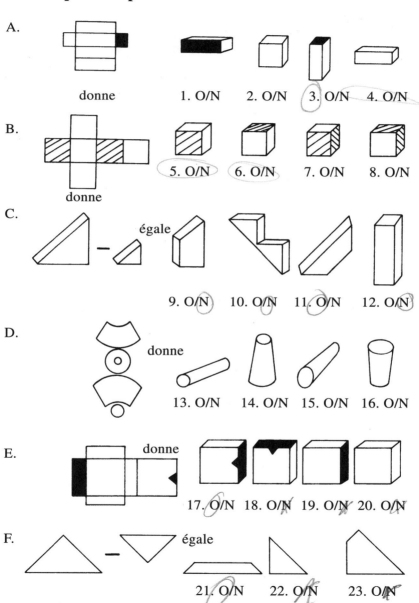

A.

donne   1. O/N   2. O/N   3. O/N   4. O/N

B.

5. O/N   6. O/N   7. O/N   8. O/N

donne

C.

égale

9. O/N   10. O/N   11. O/N   12. O/N

D.

donne

13. O/N   14. O/N   15. O/N   16. O/N

E.

donne

17. O/N   18. O/N   19. O/N   20. O/N

F.

égale

21. O/N   22. O/N   23. O/N

Réponses aux exemples de la page 34

1. N	9. O
2. N	10. N
3. O	11. O
4. O	12. N
5. O	13. N
6. N	14. O
7. O	15. N
8. N	16. N

Vérifiez vos réponses. Si vous avez fait une faute, regardez à nouveau la question pour voir d'où provient votre erreur.

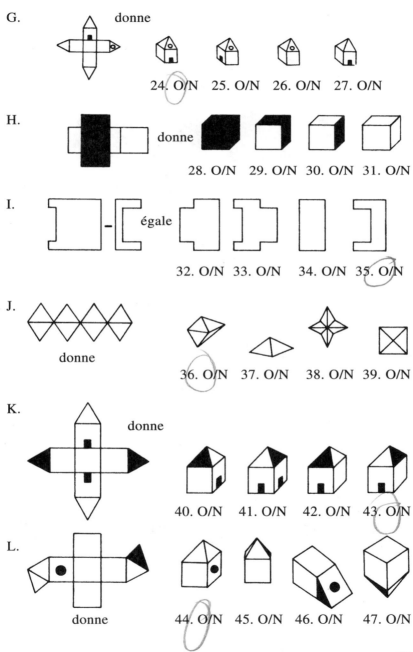

G. donne

24. O/N 25. O/N 26. O/N 27. O/N

H. donne

28. O/N 29. O/N 30. O/N 31. O/N

I. égale

32. O/N 33. O/N 34. O/N 35. O/N

J. donne

36. O/N 37. O/N 38. O/N 39. O/N

K. donne

40. O/N 41. O/N 42. O/N 43. O/N

L. donne

44. O/N 45. O/N 46. O/N 47. O/N

37

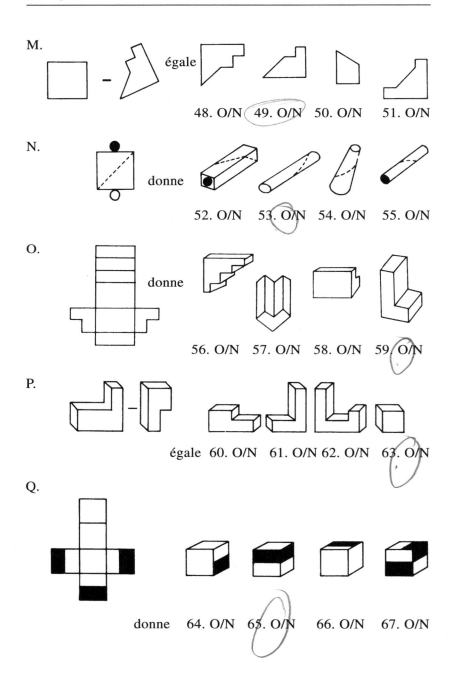

M.

égale

48. O/N   49. O/N   50. O/N   51. O/N

N.

donne

52. O/N   53. O/N   54. O/N   55. O/N

O.

donne

56. O/N   57. O/N   58. O/N   59. O/N

P.

égale   60. O/N   61. O/N   62. O/N   63. O/N

Q.

donne   64. O/N   65. O/N   66. O/N   67. O/N

R.

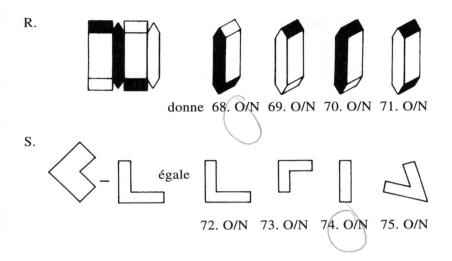

donne 68. O/N 69. O/N 70. O/N 71. O/N

S.

égale

72. O/N 73. O/N 74. O/N 75. O/N

COMPLÉTEZ TOUS LES TESTS AVANT DE REGARDER LES RÉPONSES.

Aptitude technique

Ce test mesure vos dispositions technique et mécanique. Il détermine si vous comprenez facilement et rapidement, le mode de fonctionnement d'un mécanisme.

Chaque question consiste en un diagramme qui vous donne toutes les informations nécessaires. Choisissez la réponse qui vous semble correcte parmi les propositions. Encerclez-la ou barrez-la d'une croix. La première question a été complétée pour vous.

Exemples

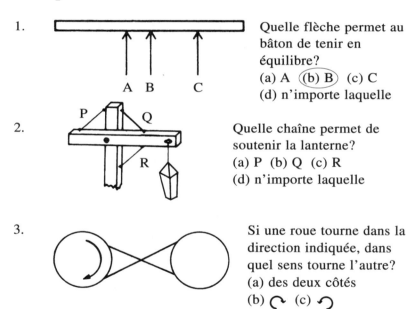

1. Quelle flèche permet au bâton de tenir en équilibre?
   (a) A (b) B (c) C
   (d) n'importe laquelle

2. Quelle chaîne permet de soutenir la lanterne?
   (a) P (b) Q (c) R
   (d) n'importe laquelle

3. Si une roue tourne dans la direction indiquée, dans quel sens tourne l'autre?
   (a) des deux côtés
   (b) ⌒ (c) ⌒

Vérifiez vos réponses à la page 42.

Vous pouvez commencer le test complet proposé à la page suivante. Vous disposez de *10 minutes* pour répondre à un maximum de questions. Vous devez travailler avec précision et le plus rapidement possible. Prêt? Lancez le chronomètre et démarrez.

Test d'aptitude technique

1.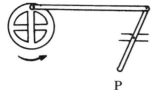

Si la roue tourne comme montré
(a) P se déplacera vers la droite et s'arrêtera
(b) P se déplacera vers la gauche et s'arrêtera
(c) P se déplacera de gauche à droite
(d) aucune de ces possibilités

2.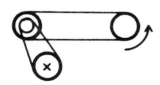

Quelle flèche permet à la balance de tenir en équilibre?
(a) A (b) B (c) C (d) D

3.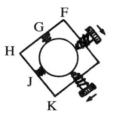

Si l'on visse les deux vis du même nombre de tours, la balle se déplacera vers
(a) F (b) G (c) H (d) J (e) K

4.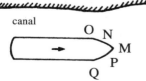

Dans quel sens tourne la roue X?
(a) les deux (b) ↶ (c) ↷
(d) elle est immobile

5. sentier

canal

Pour faire avancer le bateau dans la direction indiquée, on doit de préférence attacher la corde au point
(a) M (b) N (c) O (d) P (e) Q

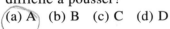
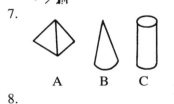
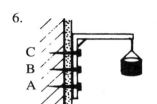

Réponses aux exemples de la page 40

1. (b)
2. (b)
3. (c)

Vérifiez vos réponses. Si vous avez fait une faute, regardez à nouveau la question pour voir d'où provient votre erreur.

6. Quel clou risque le plus de se détacher? (a) A (b) B (c) C (d) tous ont autant de chance de se détacher

7. Si tous les blocs pèsent le même poids, lequel est le plus difficile à pousser? (a) A (b) B (c) C (d) D

8. Quel récipient permettra à l'eau de refroidir le plus rapidement? (a) A (b) B (c) C (d) tous sont à égalité

9. Quel pendule bougera le plus lentement? (a) A (b) B (c) C (d) tous sont à égalité

10. Quel piquet de tente aura la meilleure résistance dans un sol mou? (a) P (b) Q (c) R (d) S (e) T

11.

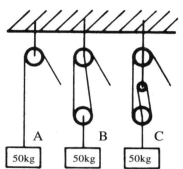

Quel poids sera le plus facile à soulever?
(a) A   (b) B   (c) C
(d) tous sont à égalité

A   B   C

50kg   50kg   50kg

12. Si chaque corde du diagramme ci-dessus est tirée à la même vitesse que les autres, quel poids bougera le plus lentement?
(a) A   (b) B   (c) C   (d) tous sont à égalité

13.   X

Z

Y

Quelle roue tournera dans la même direction que la roue marquée d'une flèche?
(a) X   (b) Y   (c) Z

14. Quelle roue effectue le plus de tours?
(a) W   (b) X   (c) Y   (d) Z

15. Où le boulet retombera-t-il?
(a) A   (b) B   (c) C   (d) D

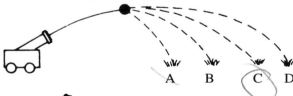

A   B   C   D

16.

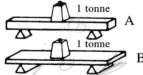

1 tonne

A

1 tonne

B

Quelle planche risque le plus de se briser?
(a) A   (b) B
(c) n'importe laquelle

17. 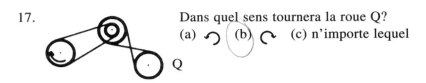 Dans quel sens tournera la roue Q?
(a) ↻ (b) ↺ (c) n'importe lequel

18. Si la barre est soulevée dans la direction indiquée, comment bougeront les crochets M et N?

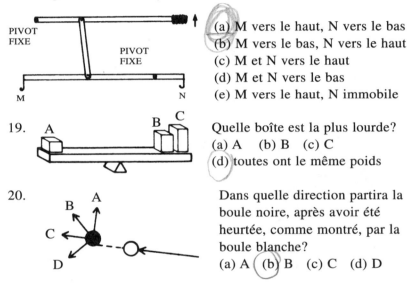

PIVOT FIXE

PIVOT FIXE

M

N

(a) M vers le haut, N vers le bas
(b) M vers le bas, N vers le haut
(c) M et N vers le haut
(d) M et N vers le bas
(e) M vers le haut, N immobile

19.

A

B C

Quelle boîte est la plus lourde?
(a) A   (b) B   (c) C
(d) toutes ont le même poids

20.

B A

C

D

Dans quelle direction partira la boule noire, après avoir été heurtée, comme montré, par la boule blanche?
(a) A   (b) B   (c) C   (d) D

21. Les poulies A et C ont un diamètre de 10 cm, les poulies B et D de 5 cm. Lorsque la poulie A fait un tour complet, la poulie D fait
(a) 1 tour (b) 2 tours (c) 4 tours (d) 6 tours (e) 8 tours

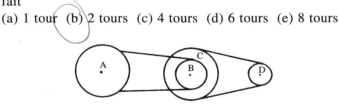

A

C
B

D

22. Si la poulie D est la poulie d'entraînement, quelle poulie tourne le plus lentement?
(a) A   (b) B   (c) C   (d) toutes ont la même vitesse

23.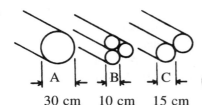

30 cm   10 cm   15 cm

Si ces conduits transportent de l'eau, lequel d'entre eux transportera le plus d'eau au mètre?
(a) A   (b) B   (c) C
(d) tous sont à égalité

24. Si ces tuyaux sont des câbles électriques, lequel offrira le plus de résistance au mètre?
(a) A   (b) B   (c) C   (d) tous sont à égalité

25.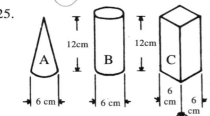

Si tous ces blocs sont faits du même matériau, lequel est le plus lourd?
(a) A   (b) B   (c) C
(d) tous ont le même poids

26. Lequel d'entre eux a la densité la plus grande?
(a) A   (b) B   (c) C   (d) tous ont la même densité

27.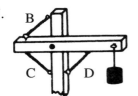

Quelle chaîne peut à elle seule soutenir le poids?
(a) n'importe laquelle   (b) B   (c) C
(d) D

28. Quel diagramme donne la représentation la plus réaliste de la chute d'une bombe d'un avion en vol?

(a) X
(b) Y
(c) Z

29. 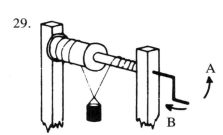 Dans quel sens faut-il tourner la manivelle pour remonter le seau?

(a) A (b) B

(c) n'importe lequel

30.  Laquelle de ces roues retournera à sa position initiale si on la bouge légèrement?

A   B   (a) A   (b) B   (c) les deux

31. Quel bateau a le mouillage le plus sûr?

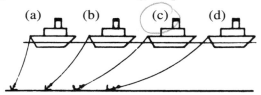

(a)   (b)   (c)   (d)

32. Quelle forme donnera le meilleur volant?

(a)   (b)   (c)

33. A quel endroit le pendule se déplace-t-il le plus rapidement?

(a) (b) (c)   (d)

COMPLÉTEZ TOUS LES TESTS AVANT DE REGARDER LES RÉPONSES.

Aptitude d'acuité

Ce test mesure votre capacité à effectuer des tâches administratives.
Il s'agit d'un test en deux parties.

Chaque partie du test dure 5 minutes: vous devez vous chronométrer précisément. La première partie consiste simplement en des calculs qui utilisent les quatre opérations. Par exemple:

$$\begin{array}{r} 35 \\ 7+ \\ \hline 42 \\ \hline \end{array}$$

Exemples

$$\begin{array}{llll} 1. & 26 & 2. & 35 & 3. & 74 \\ & 9+ & & 12- & & 7x \\ \hline & 35 & & 23 & & \rule{1cm}{0.4pt} \end{array}$$

Dans la seconde partie du test, on vous présente trois prénoms et vous devez indiquer quel est celui qui arrive en première position si on les classe par ordre alphabétique. Indiquez celui-ci par une croix. Par exemple:

(a) Jones   (b) Jason   (c) Joseph

Exemples

1. (a) Thérèse   (b) Thierry   (c) Théodore

2. (a) Danielle   (b) Danitza   (c) Dante

3. (a) Wilfried   (b) Willy   (c) William

Vérifiez vos réponses à la page suivante.

Réponses aux exemples de la page 47

Partie 1
1. 35   2. 23   3. 518
Partie 2
1. (c)   2. (a)   3. (a)

> *Vérifiez vos réponses. Si vous avez fait une faute, regardez à nouveau la question pour voir d'où provient votre erreur.*

Vous disposez de *5 minutes* pour chaque partie. Dès que vous en avez fini avec la partie 1, passez immédiatement à la partie 2. Prêt? Lancez le chronomètre et démarrez.

Test d'acuité 1

1.	24 5+	2.	71 9+	3.	35 69+	4.	45 62+	5.	15 19 23+

29   *80*   *104*   *107*   *57*

6.	26 6x	7.	37 48 35+	8.	49 8x	9.	64 57 62+	10.	48 13-

156   *120*   *396*   *183*   *35*

11.	127 98-	12.	35 9x	13.	364 : 7	14.	28 364 479+	15.	369 : 3

29   *315*   *871*

16.	67 12+	17.	47 5x	18.	249 158-	19.	584 : 8	20.	6016 739-

79   *235*   *111*   *5243*

21. 279   22. 135   23. 6 37   24.   25. 924
    686   36-   9x   1452 : 12   536-   1000
    755+

    1720   99   333   ----

26. 612   27. 26   28. 23   29. 24   30. 916
    387-   15   83+   8x   158-
               83+

    225   124   106   192   ----

31. 54   32. 67   33. 217   34. 43   35.
    36+   29+   138-   11x   3528 : 6

    90   96   ----   ---

Test d'acuité 2

Indiquez par une croix le prénom qui vient en premier dans un classement alphabétique. Vous n'avez que *5 minutes* pour faire ce test.

1. (a) Abella   (b) Abel   (c) Abraham
2. (a) Louisette   (b) Louison   (c) Loup
3. (a) Patrice   (b) Patrick   (c) Patricia
4. (a) Marcelle   (b) Marcelin   (c) Marcellin
5. (a) Eusèbe   (b) Eugène   (c) Eudes

6. (a) Bathilde   (b) Basile   (c) Bartholomé
7. (a) Roseline   (b) Rosette   (c) Rosemonde
8. (a) Youri   (b) Yolande   (c) Yoann
9. (a) Salvador   (b) Salvatore   (c) Salomon
10. (a) Ombeline   (b) Omer   (c) Onésime

11. (a) Milène	(b) Mildred	(c) Miloud
12. (a) Karina	(b) Karine	(c) Karen
13. (a) Gontran	(b) Goulven	(c) Gonzague
14. (a) Perrin	(b) Perrette	(c) Pervenche
15. (a) Aymeric	(b) Aymée	(c) Aymar
16. (a) Georgia	(b) Georgine	(c) Georgina
17. (a) Reine	(b) Réjane	(c) Renald
18. (a) Viviane	(b) Vivette	(c) Vital
19. (a) Quentin	(b) Quiterie	(c) Quasimodo
20. (a) Linda	(b) Lina	(c) Line
21. (a) Geoffrey	(b) Georges	(c) Geoffroy
22. (a) Fabiola	(b) Fabienne	(c) Fabrice
23. (a) Dirk	(b) Dimitri	(c) Diomède
24. (a) Benjamin	(b) Béranger	(c) Bénédicte
25. (a) Zélie	(b) Zacharie	(c) Zéphyrin
26. (a) Sylviane	(b) Sylvie	(c) Sylvette
27. (a) Elina	(b) Elisa	(c) Eline
28. (a) Hildegarde	(b) Hilda	(c) Hilarion
29. (a) Jacme	(b) Jackie	(c) Jacky
30. (a) Noëlle	(b) Noémie	(c) Noëlla
31. (a) Gino	(b) Gillette	(c) Gina
32. (a) Domitille	(b) Domnin	(c) Dominique
33. (a) Guérric	(b) Guénolé	(c) Guérin
34. (a) Philiberte	(b) Philomène	(c) Philippine
35. (a) Urbain	(b) Ulrich	(c) Uriel
36. (a) Eusèbe	(b) Eustache	(c) Eusébie
37. (a) Cyrus	(b) Cyprien	(c) Cyrille
38. (a) Kévin	(b) Kléber	(c) Ketty
39. (a) Christilla	(b) Christina	(c) Christiane
40. (a) Apollinaire	(b) Apollos	(c) Apolline
41. (a) Isaïe	(b) Isabeau	(c) Isabelle
42. (a) Octavie	(b) Octavien	(c) Octave
43. (a) Théophile	(b) Théophane	(c) Théodore

44. (a) Hedwige	(b) Hégisippe	(c) Héloïse
45. (a) Inès	(b) Imré	(c) Ingrid
46. (a) Franklin	(b) Franz	(c) Frankie
47. (a) Raïssa	(b) Rachilde	(c) Rainier
48. (a) Viviane	(b) Victorine	(c) Victorien
49. (a) Maggy	(b) Malachie	(c) Magloire
50. (a) Jehanne	(b) Jeannine	(c) Jeanne
51. (a) Marianne	(b) Mariannick	(c) Mariam
52. (a) Gwénola	(b) Gwendoline	(c) Gwladys
53. (a) Matthias	(b) Matthieu	(c) Mathurine
54. (a) Corinne	(b) Cornille	(c) Corneille
55. (a) Sonia	(b) Solenne	(c) Soline
56. (a) Roméo	(b) Romaric	(c) Romain
57. (a) Maximin	(b) Maxime	(c) Maximilien
58. (a) Laurentine	(b) Laurie	(c) Laurette
59. (a) Théodora	(b) Thècle	(c) Thaddée
60. (a) Nora	(b) Norbert	(c) Nolwen
61. (a) Florent	(b) Florian	(c) Florine
62. (a) Manuel	(b) Manoël	(c) Manuelle
63. (a) Archibald	(b) Archambaud	(c) Arcady
64. (a) Ramuntcho	(b) Ramon	(c) Raoul
65. (a) Tatienne	(b) Tania	(c) Tatiana
66. (a) Pernelle	(b) Perpétue	(c) Péroline
67. (a) Albertina	(b) Albertine	(c) Alberte
68. (a) Baptistine	(b) Baptista	(c) Baptistin
69. (a) Sandra	(b) Sandie	(c) Sandrine
70. (a) Leslie	(b) Liesse	(c) Liane

COMPLÉTEZ TOUS LES TESTS AVANT DE REGARDER LES RÉPONSES.

Aptitude analytique

Dans ce test, nous examinons votre aptitude à analyser une information et à en tirer une conclusion logique. Vous n'utiliserez que l'information donnée. Vous travaillerez peut-être plus facilement en vous aidant d'une feuille de papier. Ce test comporte deux types de questions. En voici des exemples:

Type 1

> *On vous fournit un certain nombre d'informations et on vous demande de répondre à la question qui suit en utilisant les faits tels qu'ils vous ont été donnés. Cochez d'une croix la réponse que vous jugez correcte. La réponse à la question ci-dessous a été complétée pour vous, afin de vous montrer comment procéder.*

Jean et Odile aiment faire de la voile, Bernard et Jean portent des lunettes. Qui risque de casser ses lunettes en faisant de la voile? (Jean, Odile, Bernard)

Type 2

> *On vous propose ici une affirmation (en caractères gras) et quatre faits. Vous devez choisir deux de ces faits qui sont nécessaires pour rendre l'affirmation vraie. Seuls deux faits pris ensemble sont indispensables. Indiquez les deux faits sélectionnés en cochant d'une croix les lettres correspondantes. L'exemple a été complété pour vous.*

Belleville est au nord de Grandeville

(a) Grandeville est au sud de Quinquenpois
(b) Belleville est au nord de Vierzait
(c) Vierzait est au sud de Quinquenpois
(d) Quinquenpois est au sud de Belleville

Voici quelques exemples pour vous permettre de vous entraîner.

Exemples

Jim est plus grand que Jacques. Julien est plus grand que Jim.

1. Qui est le plus grand? (Jim, Jacques, Julien)
2. Qui est le plus petit? (Jim, Jacques, Julien)

Anne et Albert aiment les chiens. Alfred et Augusta aiment les chevaux. Anne et Augusta sont grandes.

3. Qui est la grande fille qui monte à cheval? (Anne, Albert, Alfred, Augusta)

Anville est au nord de Luneville

4.   (a) Luneville est au sud de Lourvois
   (b) Anville est au nord de Lourvois
   (c) Lourvois est à l'est de Cagnac
   (d) Luneville est au sud-ouest de Cagnac

Serge est grand et noir

5.   (a) Serge et Paul sont grands
   (b) Paul et Paco ne sont pas noirs
   (c) Paco et Ernest ne sont pas grands
   (d) Ernest et Serge ne sont pas gentils

Vérifiez vos réponses à la page suivante.

Réponses aux exemples de la page 53

1. Julien
2. Jacques
3. Augusta
4. (a) et (b)
5. (a) et (d)

Vérifiez vos réponses. Si vous avez fait une faute, regardez à nouveau la question pour voir d'où provient votre erreur.

Vous pouvez à présent commencer le test. Vous disposez de *10 minutes* pour répondre à un maximum de questions. Vous devez travailler avec précision et le plus rapidement possible. Prêt? Lancez le chronomètre et démarrez.

Test d'aptitude analytique

Cochez d'une croix la (les) réponse(s) qui vous semble(nt) exacte(s). Rappelez-vous que deux réponses sont demandées pour le test de type 2.

Courbaix est plus grande que Maville. Loupienne est plus grande que Courbaix.

1. Quelle ville est la plus grande? (Courbaix, Maville, Loupienne)

Sarah et Violaine sont gentilles. Bob et Julie ont des cheveux noirs. Sarah et Julie sont grandes.

2. Qui est gentil(le) et grand(e)? (Sarah, Violaine, Bob, Julie)
3. Qui est grand et a les cheveux noirs? (Sarah, Violaine, Bob, Julie)

Martha joue aux billes.

4. (a) Martha fait partie de l'équipe des joueurs de billes, pendant l'été.
   (b) Martha se trouve sur le terrain de jeux.
   (c) On joue aux billes pendant l'été, sur le terrain de jeux.
   (d) Tous les enfants du terrain de jeux jouent aux billes.

Adam peut courir plus vite que Jacques.

5. (a) Jules est le champion des coureurs.
   (b) Adam peut courir plus loin que Jules.
   (c) Adam peut courir aussi vite que Jules.
   (d) Jules peut courir plus vite que Jacques.

Josette, Marcus, Eric et Angela se trouvent alignés dans cet ordre, de la gauche vers la droite. Josette change de place avec Eric, ensuite Eric change de place avec Marcus.

6. Qui se trouve à l'extrémité droite de la file? (Josette, Marcus, Eric, Angela)
7. Qui se trouve à la gauche d'Eric? (Josette, Marcus, Angela)

Des amis habitent dans une maison à appartements (un par étage). Tom habite dans l'appartement situé sous celui de Julie, Madeleine est dans l'appartement au-dessus de celui de Sarah. Sarah occupe l'appartement situé sous celui de Tom et Julie vit avec Roger. Pierre vit au dernier étage.

8. Qui occupe l'appartement à l'étage le plus bas? (Tom, Julie, Madeleine, Sarah, Pierre)
9. Quelles sont les autres personnes qui partagent un appartement? (Tom et Madeleine, Sarah et Pierre, Tom et Pierre, Madeleine et Sarah)

Certains membres de la chorale ont gagné un livre.

10. (a) L'ensemble de la formation a gagné un prix de participation.
    (b) Certaines des personnes qui ont gagné un livre ont également reçu un certificat.
    (c) Les prix de participation étaient des livres.
    (d) Tous ceux qui ont reçu un certificat font partie de la chorale.

Jules a huit ans et est deux fois plus jeune que son frère Henry. Joëlle a deux ans de moins que Jules et de plus que Marc.

11. Qui est le (la) plus âgé(e)? (Jules, Henry, Joëlle, Marc)

12. Qui est le (la) plus jeune? (Jules, Henry, Joëlle, Marc)
13. Quel est l'âge de Marc? (1, 2, 3, 4, 5, 6, 7, 8, 9 ans)
14. De combien d'années Joëlle est-elle plus jeune qu'Henry? (4, 6, 7, 8, 9, 10, 12 ans)

Cinq voitures en piste: la Honda a battu la Rover mais n'a pas battu l'Astra. La Renault n'a pas battu la Granada mais a battu l'Astra.

15. Quelle voiture est arrivée en dernier? (Honda, Rover, Astra, Renault, Granada)
16. Quelle voiture est arrivée troisième? (Honda, Rover, Astra, Renault, Granada)

Jeanne joue du piano mais pas de la flûte, alors que Jeremy joue du violon et de la flûte. Séraphin joue du violon mais pas de piano, et Anne joue de la flûte mais pas de violon.

17. Si chaque enfant joue deux des trois instruments, lequel jouerait des mêmes instruments que Jeremy? (Séraphin, Jeanne, Anne)

Un homme voyage de Louisville vers Bourgeais. Peu après Maloire, il s'arrête à Niores, située à mi-chemin de son trajet.

18. Quelle est la distance la plus grande? (Louisville à Maloire, Maloire à Bourgeais, Niores à Bourgeais, Maloire à Niores)

50 candidats passent un examen.

19. (a) 20 candidats ont répondu à moins de la moitié des questions.
    (b) 10 personnes ont raté l'examen.
    (c) 30 candidats ont répondu à plus de la moitié des questions.
    (d) 40 candidats ont réussi.

Lunielle est au nord-est de Bravillia.

20. (a) Lunielle est à deux kilomètres au nord de Calaire.
    (b) Calaire est à deux kilomètres à l'ouest de Niores.
    (c) Bravillia est à deux kilomètres à l'ouest de Calaire.
    (d) Niores est au sud-est de Lunielle.

Dimanche était plus pluvieux que lundi mais plus sec que samedi.

21. Quel était le jour le plus pluvieux? (samedi, dimanche, lundi)

Aujourd'hui, nous sommes mardi.

22. (a) Cette année, juin commence un mercredi.
    (b) Il y trois jours, nous étions samedi.
    (c) Nous sommes aujourd'hui le 21 juin.
    (d) Le 22 juin tombe un mardi, cette année.

Six familles vivent dans un immeuble de trois étages. Les appartements sont numérotés: les chiffres pairs sont ceux des appartements
de droite, et les chiffres impairs ceux de gauche. Les appartements 1
et 2 sont au rez-de-chaussée; 3 et 4 sont au premier étage et 5 et 6 au
dernier. Les Lorent ont un appartement à droite entre deux familles.

23. Où les Lorent vivent-ils? (1, 2, 3, 4, 5, 6)

Dans le même immeuble, les Englebert vivent dans un appartement
qui porte un chiffre pair, les Raymond sont 2 étages en dessous du
leur. Les Beauvalois vivent en face des Lorent, et les Roulart et les
Edouard vivent en face de familles qui ont des initiales différentes
des leurs.

24. Où vivent les Roulart? (1, 2, 3, 4, 5, 6)
25. Qui vit en face des Raymond? (Englebert, Beauvalois, Lorent,
    Roulart, Edouard)
26. Qui vit au-dessus des Lorent? (Englebert, Raymond, Beauvalois,
    Roulart, Edouard)
27. Qui est au numéro 1? (Englebert, Raymond, Beauvalois, Lorent,
    Roulart, Edouard)
28. Qui est au numéro 6? (Englebert, Raymond, Beauvalois, Lorent,
    Roulart, Edouard)

Pierre Hulot et sa femme Marie, ainsi qu'une de leurs filles jumelles
habitent au coin de la rue de la Paix et du boulevard des Armées. Ils
ont également deux fils (Jacques et Georges) qui vivent dans des

maisons de part et d'autre de leurs parents. Jacques est marié avec Anémone et ils habitent boulevard des Armées. Suzanne porte le même prénom que sa belle-sœur qui vit toujours à la maison. Stéphanie est divorcée de David et vit dans la ville voisine, mais visite régulièrement son frère et ses deux fils à la rue de la Paix.

29. Qui habite rue de la Paix? (David et Stéphanie, Georges et Stéphanie, Georges et Suzanne, Suzanne et Jacques)
30. Qui habite avec Monsieur et Madame Hulot? (Marie, Anémone, Suzanne, Stéphanie)
31. Qui sont les jumelles? (Marie et Suzanne, Suzanne et Stéphanie, Anémone et Stéphanie, Anémone et Marie)

COMPLÉTEZ TOUS LES TESTS AVANT DE REGARDER LES RÉPONSES.

Correction et interprétation des tests

Pour chaque question, il n'y a qu'une seule bonne réponse. Pour chaque test, comptez un point lorsque votre réponse correspond à celle donnée dans la correction. A la fin de chaque test, faites le total des points. Puis, comparez-le avec les tables d'évaluation présentées ci-dessous, qui représentent un résultat moyen. Le groupe utilisé pour calculer ce résultat moyen a obtenu des résultats légèrement supérieurs à la moyenne nationale. Tous les membres de ce groupe ont réussi, ou pourraient réussir, le niveau d'études de secondaire supérieur. Vous pourrez ensuite reporter ces résultats sur le tableau de la page 65.

Aptitude verbale: réponses

1. (a)	12. (d)	23. (c)	34. (a)
2. (b)	13. (d)	24. (c)	35. (c)
3. (d)	14. (c)	25. (b)	36. (d)
4. (c)	15. (a)	26. (d)	37. (a)
5. (b)	16. (b)	27. (d)	38. (a)
6. (a)	17. (c)	28. (a)	39. (d)
7. (b)	18. (a)	29. (b)	40. (a)
8. (c)	19. (c)	30. (d)	
9. (d)	20. (c)	31. (a)	
10. (a)	21. (b)	32. (b)	
11. (c)	22. (b)	33. (c)	

Échelle des niveaux

Un score de 30 ou plus	niveau A
26-29	niveau B
23-25	niveau C
19-22	niveau D
15-18	niveau E
14 ou moins	niveau F

Aptitude numérique: réponses

1. (b)	7. (a)	13. (d)	19. (c)
2. (c)	8. (b)	14. (b)	20. (d)
3. (d)	9. (d)	15. (a)	21. (b)
4. (d)	10. (c)	16. (b)	
5. (c)	11. (b)	17. (d)	
6. (c)	12. (a)	18. (d)	

Échelle des niveaux

Un score de 17 ou plus	niveau A
13-16	niveau B
11-12	niveau C
8-10	niveau D
4-7	niveau E
3 ou moins	niveau F

Aptitude perceptive: réponses

1. (a)	10. (b)	19. (c)	28. (d)
2. (c)	11. (a)	20. (b)	29. (a)
3. (c)	12. (c)	21. (d)	30. (c)
4. (a)	13. (d)	22. (a)	31. (a)
5. (a)	14. (b)	23. (d)	32. (d)
6. (c)	15. (a)	24. (c)	33. (a)
7. (b)	16. (b)	25. (b)	34. (d)
8. (d)	17. (d)	26. (b)	35. (b)
9. (c)	18. (d)	27. (c)	

Échelle des niveaux

Un score de 30 ou plus	niveau A
27-29	niveau B
24-26	niveau C
21-23	niveau D
18-20	niveau E
17 ou moins	niveau F

Aptitude spatiale: réponses

A.	1.	N	F.	21.	O	K.	40.	O	P.	60.	N
	2.	N		22.	O		41.	N		61.	N
	3.	O		23.	N		42.	N		62.	N
	4.	O	G.	24.	N		43.	O		63.	O
B.	5.	O		25.	O	L.	44.	O	Q.	64.	O
	6.	O		26.	N		45.	N		65.	O
	7.	N		27.	O		46.	N		66.	O
	8.	N	H.	28.	N		47.	O		67.	N
C.	9.	O		29.	N	M.	48.	N	R.	68.	O
	10.	N		30.	N		49.	O		69.	O
	11.	O		31.	N		50.	N		70.	N
	12.	N	I.	32.	N		51.	N		71.	N
D.	13.	N		33.	O	N.	52.	N	S.	72.	N
	14.	O		34.	N		53.	N		73.	O
	15.	N		35.	N		54.	N		74.	N
	16.	N	J.	36.	O		55.	O		75.	N
E.	17.	O		37.	N	O.	56.	N			
	18.	O		38.	N		57.	O			
	19.	O		39.	O		58.	O			
	20.	O					59.	N			

Échelle des niveaux

Un score de 60 ou plus	niveau A
51-59	niveau B
44-50	niveau C
37-43	niveau D
27-36	niveau E
26 ou moins	niveau F

Aptitude technique: réponses

1. (c)	10. (d)	19. (a)	28. (b)
2. (b)	11. (c)	20. (b)	29. (a)
3. (c)	12. (c)	21. (c)	30. (b)
4. (b)	13. (b)	22. (a)	31. (d)
5. (b)	14. (a)	23. (a)	32. (b)
6. (c)	15. (c)	24. (b)	33. (c)
7. (a)	16. (b)	25. (c)	
8. (a)	17. (a)	26. (d)	
9. (a)	18. (a)	27. (c)	

Échelle des niveaux

Un score de 29 ou plus	niveau A
26-28	niveau B
22-25	niveau C
18-21	niveau D
14-17	niveau E
13 ou moins	niveau F

Aptitude d'acuité: réponses

Partie 1

1. 29	2. 80	3. 104	4. 107	5. 57
6. 156	7. 120	8. 392	9. 183	10. 35
11. 29	12. 315	13. 52	14. 871	15. 123
16. 79	17. 235	18. 91	19. 73	20. 5277
21. 1720	22. 99	23. 333	24. 121	25. 388
26. 225	27. 124	28. 106	29. 192	30. 758
31. 90	32. 96	33. 79	34. 473	35. 588

23

Partie 2

1. (b)	16. (a)	31. (b)	46. (c)	61. (a)
2. (a)	17. (a)	32. (c)	47. (b)	62. (b)
3. (a)	18. (c)	33. (b)	48. (c)	63. (c)
4. (b)	19. (c)	34. (a)	49. (a)	64. (b)
5. (c)	20. (b)	35. (b)	50. (c)	65. (b)
6. (c)	21. (a)	36. (a)	51. (c)	66. (a)
7. (a)	22. (b)	37. (b)	52. (b)	67. (c)
8. (c)	23. (b)	38. (c)	53. (c)	68. (b)
9. (c)	24. (c)	39. (c)	54. (a)	69. (b)
10. (a)	25. (b)	40. (a)	55. (b)	70. (a)
11. (b)	26. (c)	41. (b)	56. (c)	
12. (c)	27. (a)	42. (c)	57. (b)	
13. (a)	28. (c)	43. (c)	58. (a)	
14. (b)	29. (b)	44. (a)	59. (c)	
15. (c)	30. (c)	45. (b)	60. (c)	

Ajoutez les scores obtenus à la partie 1 à vos résultats de la partie 2.

Échelle des niveaux

Un score de 74 ou plus	niveau A
66-73	niveau B
53-65	niveau C
40-52	niveau D
32-39	niveau E
31 ou moins	niveau F

Aptitude analytique: réponses

Lorsque deux réponses sont demandées, elles doivent toutes les deux être correctes pour obtenir un point.

1. Loupienne	12. Marc	23. 4
2. Sarah	13. 4 ans	24. 5
3. Julie	14. 10 ans	25. Edouard
4. (b) et (d)	15. la Rover	26. Englebert
5. (c) et (d)	16. l'Astra	27. Edouard
6. Angela	17. Séraphin	28. Englebert
7. Marcus	18. Maloire à Bourgeais	29. Georges et
8. Sarah	19. (b) et (d)	Suzanne
9. Tom et Madeleine	20. (a) et (c)	30. Suzanne
10. (b) et (d)	21. samedi	31. Suzanne et
11. Henry	22. (a) et (c)	Stéphanie

Échelle des niveaux

Un score de 23 ou plus	niveau A
20-22	niveau B
16-19	niveau C
11-15	niveau D
8-10	niveau E
7 ou moins	niveau F

Le tableau du profil de vos aptitudes

Reportez les niveaux obtenus aux pages 59 à 64 sur ce tableau.

Aptitude verbale	Aptitude numérique	Aptitude perceptive	Aptitude spatiale	Aptitude technique	Aptitude d'acuité	Aptitude analytique
A	A	A	A	A	A	A
B	B	B	B	B	B	B
C	C	C	C	C	C	C
D	D	D	D	D	D	D
E	E	E	E	E	E	E
F	F	F	F	F	F	F
Aptitude verbale	Aptitude numérique	Aptitude perceptive	Aptitude spatiale	Aptitude technique	Aptitude d'acuité	Aptitude analytique

Interprétation de vos résultats

Le graphe de vos aptitudes intellectuelles vous apprend plusieurs choses. Premièrement, il vous donne une idée du niveau général de vos aptitudes et, deuxièmement, il vous apporte des indications quant à vos points forts et vos faiblesses. Analysez le rapport entre ces résultats, votre acquis et votre expérience. Reflètent-ils les résultats et les qualifications que vous avez déjà obtenus? Vos points forts et faibles sont-ils ceux auxquels vous vous attendiez?

Ce type de tests peut présenter des inconvénients: si vous vous êtes chronométré vous-même, vous avez peut-être passé beaucoup de temps à regarder votre montre pour ne pas dépasser la limite fixée, ce qui vous a désavantagé.

Les résultats peuvent également avoir été influencés par vos dispositions au moment de faire les tests: peut-être étiez-vous fatigué, ou un peu nerveux. Enfin, ce type de tests pénalise les personnes qui travaillent lentement mais soigneusement et qui vérifient au fur et à mesure leurs résultats.

Niveau de vos résultats

Lorsque vous observez le niveau général de vos résultats, vous devriez être à même de les comparer avec les résultats obtenus lors d'autres examens et tests.

Vous préférez sans doute les examens plus pratiques si vos résultats se situent autour de la moyenne. Cela signifie que vous avez probablement assez bien réussi à l'école mais que vous n'avez sans doute pas continué jusqu'au niveau universitaire.

Si vos résultats sont, dans l'ensemble, supérieurs à la moyenne, vous réussirez probablement dans beaucoup de domaines et vous devriez envisager une carrière qui demande des études et des qualifications plus poussées.

Vos résultats donnent également une indication de la facilité avec laquelle vous appréhendez des problèmes dans ces domaines. Une personne très déterminée et très consciencieuse pourra parfois dépasser les résultats indiqués. De la même façon, une personne dissipée pourra obtenir des résultats globalement inférieurs. Cependant, le niveau des résultats que vous avez obtenus devrait grosso modo correspondre à votre expérience. S'il existe un décalage important entre les deux, vous pourriez bien être cette personne sur mille pour qui les tests ne fonctionnent pas parfaitement bien, et vous devriez alors vous faire conseiller par un professionnel d'orientation de carrières.

Combinaison des résultats

Vous avez complété deux types de tests. Si vous avez mieux réussi les tests au niveau verbal, numérique, perceptif et analytique, vous serez sans doute plus à l'aise dans les matières académiques et réussirez mieux lorsque des connaissances théoriques de même que la faculté de percevoir des structures sous-jacentes sont importantes. Ces domaines comprennent des professions telles que libraire, comptable ou chimiste.

Si, au contraire, vous avez mieux réussi le test technique, le test d'aptitude spatiale, de même que le test d'acuité, vous serez probablement plus à l'aise avec des matières qui nécessitent une connaissance pratique: l'ingénierie, les sciences appliquées ou encore dans les professions d'analyste et de conseiller.

Pour beaucoup de personnes, cependant, il n'existe pas de distinction claire entre ces deux grands groupes et vous devrez alors pousser plus loin vos interprétations.

Nous nous concentrerons uniquement sur 7 points forts individuels et sur 21 combinaisons.

Les points forts individuels

Aptitude verbale

Il s'agit de la faculté de raisonner avec des mots. Elle est souvent mise en relation avec des carrières littéraires, mais elle est aussi importante dans des emplois qui demandent de trouver la bonne formule au bon moment. Il peut s'agir de mots au niveau de l'oral ou de l'écrit. C'est l'aptitude la plus importante pour réussir au niveau des études supérieures. Cette aptitude est le plus souvent décelable chez des personnes qui embrassent les carrières d'écrivain, de copywriter, de vendeur, de professeur ou de journaliste.

Aptitude numérique

Cette aptitude est similaire, mais pas identique, à l'aptitude mathématique. Il s'agit de la faculté de "penser" avec des chiffres plus que de l'aptitude à les manipuler. Il existe peu de carrières qui demandent uniquement une telle aptitude. Les carrières professionnelles qui dépendent largement de cette faculté comprennent, entre autres, celles de commissaire aux comptes, employé de banque; beaucoup de domaines financiers en dépendent.

Aptitude perceptive

Cette aptitude implique la faculté de percevoir des informations abstraites et de les comprendre. C'est l'une des pierres angulaires de la pensée scientifique. La construction de concepts, la découverte et l'explication de théories reposent sur cette aptitude. Il s'agit donc d'un point clé pour la plupart des carrières scientifiques, telles que médecin, laborantin, vétérinaire, diététicien, ingénieur biomédical, et autres personnes employées dans un domaine technique à différents niveaux.

Aptitude spatiale

Cette aptitude vous permet de visualiser des objets tridimensionnels à partir d'informations qui ne vous présentent que des éléments en deux dimensions. Il s'agit de l'aptitude clé pour comprendre des dessins techniques, des tracés ainsi que les relations entre des objets dans l'espace. Elle sera très utile aux illustrateurs, aux chorégraphes, aux coiffeurs, aux photographes et aux designers.

Aptitude technique

Ce test révèle votre capacité à vous débrouiller dans le monde qui vous entoure. Cela concerne plus votre réaction première face à un problème pratique plutôt qu'en l'apport d'une solution apprise. Vous n'avez pas besoin d'être "pratique", mais vous l'êtes certainement si vous avez bien réussi ce test. Il s'agit d'une aptitude particulièrement importante pour des carrières telles que mécanicien, opérateur, personnel de maintenance et monteur. Cette aptitude est une de celles qui est essentielle aux ingénieurs.

Aptitude d'acuité

Il s'agit de la faculté d'effectuer rapidement et avec exactitude des tâches répétitives. C'est l'une des seules aptitudes que l'on peut améliorer par la pratique, mais les résultats du test vous donneront une idée de la façon dont vous appréhendez ce type de tâche, comparativement à d'autres travaux. Cette aptitude est particulièrement importante pour la plupart des emplois de bureau: classer, remplir des documents, encoder dans l'ordinateur. Elle est également appréciable dans des domaines tels que le contrôle de qualité.

Aptitude analytique

C'est la capacité d'établir des relations logiques et rationnelles en imposant une structure dans ce qui apparaît parfois comme étant chaotique. Elle reflète la capacité à réfléchir rapidement et à s'en tenir uniquement aux faits, à résoudre des problèmes et travailler avec des idées nouvelles. Le test particulier de ce livre pose des questions verbales: ce type d'aptitude est le plus généralement utilisé dans le monde du travail.

Une aptitude de raisonnement verbal est requise tout autant qu'une aptitude analytique "pure". Celles-ci sont particulièrement importantes dans des emplois tels que programmeur sur ordinateur, auditeur ou analyste.

Combinaison de deux types d'aptitudes

Il est assez rare de ne bénéficier que d'une seule aptitude intellectuelle et, comme on peut le voir d'après les exemples de carrières professionnelles ci-dessus, il existe peu d'emplois qui ne nécessitent qu'une seule d'entre elles. Nous allons donc nous pencher sur ces différentes combinaisons d'aptitudes et voir ce que l'on peut en induire au point de vue professionnel.

Verbale/Numérique Cette faculté de raisonner aussi bien avec des mots qu'avec des nombres est primordiale pour des postes tels que directeur commercial, économiste, agent d'assurances et professeur de mathématique.

Verbale/Perceptive Le meilleur exemple de la combinaison de ces deux aptitudes se retrouve dans le poste de journaliste scientifique, mais également dans d'autres domaines de la science qui se basent moins sur le numérique. Les délégués médicaux possèdent cette combinaison d'aptitudes, de même que les auteurs scientifiques.

Verbale/Spatiale Cette combinaison inclut la faculté de travailler avec les mots et celle de pouvoir appréhender des données dans un espace tridimensionnel. Cette combinaison sera très utile aux rédacteurs en chef et aux éditeurs.

Verbale/Technique Ce domaine est similaire à la combinaison verbale/perceptive, mais se base sur des aspects plus techniques et appliqués que théoriques de la science. Les journalistes techniques, les technico-commerciaux et les agents spécialisés profiteront pleinement de cette combinaison.

Verbale/Acuité Il s'agit d'un domaine où l'on travaille principalement avec des mots et où l'on doit faire preuve de vitesse et d'exactitude. Beaucoup de travaux de bureau entrent dans cette catégorie, en particulier les emplois d'encodeur sur ordinateurs, de traducteur, de correcteur et de secrétaire.

Verbale/Analytique Cette combinaison se retrouve chez les personnes qui travaillent au bout d'une échelle professionnelle, et devant pouvoir comprendre et décrire le fond des choses. Il s'agit en particulier des postes d'avocat, de rédacteur en chef d'un magazine scientifique, de psychologue, de philosophe et de conseiller en gestion d'entreprise.

Numérique/Perceptive Ces compétences sont particulièrement exigées pour l'approche scientifique "pure", spécialement aux plus hauts niveaux. Citons comme exemples les chimistes, les astronomes et les physiciens.

Numérique/Spatiale Cette combinaison est relativement inhabituelle. Elle lie la faculté de visualiser les choses avec un bon "feeling" pour les nombres. De bons exemples de carrières dans ce domaine: le graphisme industriel, l'architecture, et le commerce de l'art.

Numérique/Technique Il s'agit d'une combinaison fréquente dans les domaines de la science appliquée et de la technique. Des physiciens, des constructeurs d'outillage, des ingénieurs mécaniciens auront besoin de celle-ci.

Numérique/Acuité Ces deux compétences seront très utiles dans beaucoup de domaines financiers, ainsi que pour les actuaires, les comptables, les statisticiens (chercheurs), et les programmeurs en informatique.

Numérique/Analytique Cette faculté de comprendre les processus sous-jacents en termes de nombres, de les expliquer et de les décrire se retrouve dans les carrières de statisticien, de courtier, de mathématicien, d'analyste-programmeur et d'informaticien.

Perceptive/Spatiale Cette combinaison peu usuelle mêle la compréhension scientifique à une bonne aptitude à percevoir les choses dans l'espace. Elle se retrouve chez les photographes scientifiques, les personnes qui font de l'illustration dans des domaines scientifiques et les radiologues.

Perceptive/Technique Cette combinaison ajoute à la compréhension des principes scientifiques une bonne appréhension de l'application des techniques. On la retrouve le plus souvent dans les domaines où la technologie a une place importante: les techniciens de laboratoire, les techniciens en air conditionné et chauffage, les ingénieurs dans le domaine de la physique médicale.

Perceptive/Acuité Les emplois qui demandent cette combinaison sont plus spécialisés et nécessitent une bonne compétence dans les domaines scientifiques et une grande attention pour les détails. Ce sont des carrières de pharmacien, de pathologiste et d'administrateur médical.

Perceptive/Analytique Il s'agit d'une combinaison très générale qui inclut tous les scientifiques universitaires ainsi que ceux appartenant à des domaines où raisonnement sous-jacent, compréhension de ce raisonnement et expression de cette compréhension s'avèrent primordiaux. Leurs applications ne se feront toutefois pas obligatoirement dans une direction précise.

Spatiale/Technique On donnera ici l'exemple des ingénieurs en électronique, des imprimeurs, des illustrateurs techniques et des orthodontistes.

Spatiale/Acuité Cette combinaison d'une compétence visuelle et d'un coup d'œil certain pour les détails profitera aux cartographes, aux carreleurs et aux couvreurs.

Spatiale/Analytique Une combinaison assez peu fréquente de compétences au niveau visuel et d'une approche plus "académique", mais qui sera mise à profit dans des domaines tels que l'histoire de l'art, la conception de programmes graphiques et l'économie.

Technique/Acuité Beaucoup de postes de "techniciens", qui nécessitent une grande précision, tombent dans cette catégorie. Parmi les emplois les plus usuels, on trouve les techniciens en photographie, les dessinateurs de plans en architecture et les entrepreneurs.

Technique/Analytique C'est la combinaison qui est valorisée dans l'ingénierie de procédés, chez les scientifiques des matériaux, les informaticiens (à un niveau technique) et les contrôleurs de qualité. Il s'agit ici de comprendre ce qui arrive tout en faisant preuve d'une certaine logique abstraite pour en expliquer le pourquoi.

Acuité/Analytique Cette combinaison, rare, mêle la faculté de penser à celle d'analyser de façon logique avec une attention pour les détails que l'on trouve généralement chez les personnes qui exercent des emplois de bureau. Quelques exemples: analyste boursier, conseiller en investissements, historien.

Il existe, bien entendu, d'autres possibilités de combinaisons. En créant vos propres combinaisons et en vous reportant à l'index des carrières du chapitre 6, vous pourrez trouver un domaine qui correspond à vos compétences.

Vos compétences ne sont qu'une petite partie de votre disposition générale pour une carrière. Nous allons à présent nous pencher sur la personnalité et la motivation et voir quelles indications elles peuvent nous donner à propos du meilleur choix de carrière. Si vos compétences sont toutes à un niveau sensiblement identique, il est très important d'être attentif à votre personnalité et à vos motivations. Cela signifie qu'il vous faut un travail varié. Ce qui fera la différence pour vous entre un travail routinier et une carrière menée avec succès, ce sont davantage les différents aspects d'un travail que les compétences requises.

Chapitre 3

La personnalité: vos points forts cachés

Vous devez comprendre votre propre personnalité, si vous voulez trouver un travail qui vous rende heureux. Il est actuellement à la mode parmi les employeurs de mettre sur un pied d'égalité l'efficacité et une bonne ambiance de travail. Avec raison: si vous êtes mécontent, vous ne serez probablement pas efficace à cent pour cent. Les employeurs cherchent actuellement des personnes qui conviennent à un certain type de poste. Mais il n'en a pas toujours été ainsi. Par exemple, les entreprises de l'époque de la révolution industrielle ne devaient pas accorder autant d'attention aux sentiments de leurs employés que maintenant. Lorsqu'il y a beaucoup de travail et une volonté de travailler (le travail était perçu comme un moyen d'échapper aux privations), les employeurs cherchaient simplement des "bras" ou des personnes possédant des compétences techniques. Mais, puisque notre idée de la "productivité" évolue vers des carrières pour lesquelles la personnalité, l'originalité et les compétences interpersonnelles sont nécessaires, le tableau décrit ci-dessus s'en trouve modifié.

De plus en plus, le travail qui ne nécessite pas une "personnalité" particulière est effectué par des machines. Mais de nombreux emplois qui sont routiniers et monotones sont encore effectués par des hommes parce qu'ils nécessitent des compétences précises. Il peut s'agir de tâches effectuées sur une chaîne de production pour lesquelles une expérience dans l'évaluation des défauts des produits peut être indispensable (les voitures sont toujours inspectées "à vue" avant de quitter l'usine). Les plongeurs tout autant que les astronautes doivent passer par de longues périodes ennuyeuses et routinières dans des conditions où les mouvements et les paroles sont sévèrement restreints. Dans ces emplois très spécialisés comme dans d'autres du même genre, on recherche un type particulier de personnalité et les employeurs ont appris à sélectionner des personnes capables d'endurer des circonstances particulières tout en restant alertes.

Plus vous serez heureux dans votre travail, mieux ce sera: pour vous d'abord, parce que vous aurez le sentiment que vous vous épanouissez, et ensuite pour la société pour laquelle vous travaillez, parce que vous contribuerez sans doute à son succès. De plus, le travail coûte cher de nos jours, et si vous vous sentez bien dans le poste que vous occupez, les dépenses de votre patron pour réengager et former les employés, ou celles provoquées par des grèves et du gaspillage seront réduites. Il existe beaucoup de théories qui tentent d'expliquer en quoi consiste la personnalité. Certains mots qui sont passés dans le langage courant, tels que "l'identité", "l'ego" ne sont pas très appropriés lorsqu'il s'agit des aspects pratiques de différents types d'emplois.

Peut-on mesurer la personnalité? Notre personnalité, telle qu'elle s'exprime par des humeurs ou d'autres types de comportements, est infiniment variable; nous semblons tous avoir la possibilité de prendre différentes personnalités à des moments différents. Parfois, nous nous fâchons, nous devenons obstinés, prévenants, généreux, effrayés, agités ou calmes, même si nous n'agissons pas habituellement de cette façon. C'est presque comme si nous pouvions nous transformer, comme un caméléon, pour nous adapter aux conditions ou aux demandes qui nous sont imposées. C'est par notre expérience que nous pouvons agir, pendant une courte période, en contradiction avec notre personnalité. Nous nous accommodons de situations qui ne nous conviennent pas ou même que nous détestons, par facilité. Mais notre personnalité "normale" finit toujours par réapparaître. Cela ne veut pas dire que nous ne changeons pas! Des chercheurs ont par exemple démontré que la timidité évolue parfois considérablement avec l'âge. Les changements de la personnalité peuvent aussi provenir d'une prise de conscience ou d'assurance, simplement suite à la décision de changer un aspect de sa personnalité. Les gens travaillent parfois avec acharnement pour modifier un trait de leur caractère qu'ils n'apprécient pas. Vous n'aimez pas parler en public? Suivez un séminaire sur la prise de parole en public, entraînez-vous et vous vous rendrez compte que cela devient une seconde nature. Vous avez peur des personnes que vous ne connaissez pas? Un analyste ou un conseiller sera en mesure de vous aider à trouver l'origine de ce "blocage". Quelle est donc, dans ce cas, votre personnalité "normale"? Il est indubitable que vous possédez une personnalité reconnaissable qui est familière aux personnes qui vous connaissent. Vous agissez et réagissez selon des schémas qui vous sont propres. C'est pourquoi les gens ont des contacts avec vous; et c'est également pourquoi de vieux amis vous reconnaissent. Vous arrivez également à renouer une amitié même après de longues années pendant lesquelles vous avez peut-être pris un chemin tout à fait différent de ces personnes avec lesquelles vous avez été à l'école. Les gens disent d'ailleurs souvent: "Vous n'avez pas changé d'un pouce".

Parce que les gens possèdent des caractéristiques de personnalité constantes et conséquentes, il est judicieux de les mettre en rapport avec un certain type d'emploi. Mais n'oubliez pas que puisque votre personnalité change et prend de l'importance, vous devez trouver un emploi qui ne vous étouffe pas. Certaines carrières sont des impasses: elles peuvent être très agréables et gratifiantes à condition qu'elles vous conviennent durant toute votre vie professionnelle, mais elles peuvent se changer en piège si vous désirez, un jour ou l'autre, vous diriger vers une carrière différente. Par exemple, les caractéristiques de votre personnalité et votre sens pratique vous ont peut être permis de réussir des examens et de faire carrière comme expert technicien – peut-être êtes-vous actuellement technicien ou scientifique, ou encore êtes-vous devenu statisticien ou ingénieur en informatique. Mais vous vous rendez alors compte que vous n'avez pas, dans votre travail, l'opportunité de rencontrer d'autres personnes. Existe-t-il, dans la carrière que vous avez choisie au départ, des opportunités de vous développer et de relever de nouveaux défis, ou devrez-vous recommencer à zéro? Bien que, de nos jours, de nombreuses personnes recommencent une deuxième carrière, il s'agit souvent d'une réorientation difficile et douloureuse. Il est préférable que votre carrière aille naturellement de l'avant plutôt que de la construire sur base de départs, d'arrêts et de revers. N'êtes-vous toujours pas pleinement convaincu de l'importance de la personnalité dans le choix d'une carrière? Vous n'attacherez alors que peu d'importance au fait que le chirurgien qui va vous opérer soit dans un état d'esprit joyeux ou désinvolte, alors qu'il empoigne son scalpel! Au cours de notre travail, nous avons rencontré des centaines de personnes avec qui nous avons parlé de leur carrière et nous sommes devenus de plus en plus convaincus de l'aberration de vouloir poursuivre une carrière qui ne corresponde pas à sa propre personnalité. Nous avons vu trop souvent des personnes faire des efforts importants pour arriver à un résultat pour lequel elles n'avaient pas les compétences nécessaires, et ressentir ensuite un sentiment d'échec. Il semble préférable de vous investir dans ce qui vous convient le mieux. Ici encore, une certaine prise de conscience peut vous aider. L'obstination et la détermination peuvent être d'excellentes qualités qui vous aideront à accomplir une tâche, mais poussées trop loin, ces mêmes qualités peuvent devenir de l'entêtement et de l'imprudence. Il est préférable, si vous trouvez votre carrière trop stressante, de vous essayer à quelque chose qui vous convienne mieux. Vous ne devriez pas vous acharner uniquement pour l'argent ou parce que vous voulez vous prouver quelque chose. Quel que soit votre âge actuel, votre personnalité aura toujours des traits qui restent stables, et ce sont précisément ceux-ci que nous pouvons mettre en relation avec différents types d'emplois. Cependant, vous devez garder à l'esprit le fait que votre personnalité peut se modifier.

En réalisant le questionnaire de personnalité, vous pourrez accroître la conscience que vous avez de votre propre personnalité et vous vous verrez peut-être sous un jour que vous ne soupçonniez pas. Mais n'espérez pas changer rapidement du tout au tout, et n'entrez pas dans une carrière ne correspondant manifestement pas à vos caractéristiques, simplement parce que vous admirez les personnes qui sont différentes de vous. Le test de la personnalité vous révélera-t-il des choses sur vous-même que vous ne saviez pas encore? Peut-être pas: il ne fait pas de doute que vous vous connaissez bien mieux que quiconque. Mais, en même temps, vous ne savez peut-

être pas comment mettre votre personnalité en relation avec différents emplois. Le test de la personnalité vous aidera à structurer
pratiquement vos idées à propos de votre personnalité. Ce test ne
mesure pas tous les aspects de votre personnalité et ne prendra pas
en compte ces aspects qui relèvent de votre vie privée. Ce qui nous
intéresse ici, c'est de quelle manière votre personnalité peut être
mise en rapport avec un type d'emploi plutôt qu'un autre. Même si
notre personnalité nous permet de réussir dans certains domaines,
elle limite les résultats que nous pourrions obtenir dans d'autres.
Prenons l'exemple d'une personne qui travaille dans la vente et à
propos de laquelle tout le monde s'accorde à dire qu'elle possède
des caractéristiques bien distinctes. Celles-ci contrastent par rapport
aux caractéristiques nécessaires pour d'autres carrières telles que,
par exemple, chercheur scientifique. En ce qui concerne le vendeur,
ce sont des aptitudes liées aux contacts humains qui arrivent en premier, avant celles liées aux compétences techniques. C'est le
contraire pour un chercheur: les compétences apprises et la
connaissance sont indispensables. Ici, paradoxalement, un phéno-
mène étrange peut se produire: les vendeurs souhaiteraient parfois
avoir une nature plus calme, plus en relation avec le monde académique. A l'inverse, des chercheurs pensent parfois que l'évolution
de leur carrière est inhibée, non pas par manque de prouesses aux
examens, mais parce qu'ils n'ont pas une nature suffisamment so-
ciable et assurée. Bien sûr, cela n'arrive pas tout le temps, mais
nous avons suffisamment rencontré ce processus pour savoir que
les gens admirent souvent chez les autres des caractéristiques qu'ils
ne possèdent pas eux-mêmes. Cependant, il est sage de se concentrer sur ces aspects permanents de notre personnalité, même si nous
voulons la modifier. Ne pas suivre cette voie serait aussi peu profitable que d'essayer de plonger dans les profondeurs marines sans
même savoir nager!

Le test de personnalité

Il est plus facile de cibler ce que l'on cherche à analyser dans le cas des tests d'aptitudes que dans le cas des tests de personnalité. En fait, vous pourriez avoir le sentiment que ces tests essayent de vous piéger. Ce n'est absolument pas le cas! Si vous essayez de modifier une réponse dans le test, ou si vous donnez une réponse tout en sachant qu'elle ne vous correspond pas, la seule personne que vous piégerez, ce sera vous-même. Le but de ces tests est de vous faire voir certains aspects de votre personnalité le plus clairement possible. Vous pourrez ensuite mettre en rapport la façon particulière dont votre personnalité s'exprime avec différents types d'emplois.

Lorsque vous réaliserez ces tests, vous aurez peut-être l'impression que vous auriez donné une réponse tout à fait différente, si vous aviez répondu un autre jour. Les sentiments se modifient de jour en jour, mais ils ne changent pas suffisamment pour que les résultats de ce test en soient profondément altérés.

Lorsque vous répondez aux questions, il est préférable de vous imaginer tel que vous êtes actuellement. N'essayez pas de prétendre que vous êtes quelqu'un d'autre et ne pensez pas à la personne que vous voudriez ou que peut-être vous pourriez être. A ce propos, pratiquement tout le monde pense qu'il existe en soi une personne meilleure qui essaye de sortir et qui émergerait effectivement si on lui en donnait l'occasion. En fait, c'est vrai, personne n'est jamais totalement satisfait de sa propre personnalité, et nous essayons donc tous de nous changer. Même si le but de ce test est de découvrir qui vous êtes vraiment, il sera plus efficace si vous répondez aux questions en essayant de faire un compte-rendu réel de votre personnalité, de vos sentiments et de vos comportements. De cette façon, nous serons à même de tirer des conclusions pratiques.

Si vous hésitez entre deux manières de répondre à un test, faites-le deux fois. Tout d'abord, répondez-y selon la disposition d'esprit dans laquelle vous vous trouvez à cet instant, et voyez quels en sont les résultats. Ensuite, reprenez-le tout en gardant à l'esprit les éléments de personnalité que vous pensez vraiment désirer. Vous pourrez, de cette façon, voir si le type d'emploi exercé par des personnes qui ont ces caractéristiques admirées pourrait vous convenir. Vous pouvez faire cette expérience plutôt par intérêt personnel que dans un but pratique. Cependant, si vous êtes indécis à la fin de tous ces tests et que vous ne savez pas si vous avez le type de personnalité qui convient pour embrasser la carrière qui vous attire, ou si vous devez changer votre personnalité afin qu'elle vous plaise plus, vous devriez vous rendre chez un conseiller en orientation professionnelle.

Instructions

Dans tous les tests de personnalité, on vous demande de dire si vous êtes d'accord ou non avec plusieurs affirmations. Rappelez-vous qu'il n'y a ni bonnes, ni mauvaises réponses. Les réponses que vous donnerez reflèteront vos pensées et vos sentiments. Il est parfois difficile de dire si vous êtes d'accord ou non. Choisissez alors la réponse qui semble le mieux vous convenir.

En complétant le test de personnalité, ne réfléchissez pas à un type de carrière précis. Ne pensez qu'à vous, et à vos actes dans tous les aspects de votre vie. Vous devez entourer la réponse qui correspond à ce que sont généralement vos sentiments. Bien qu'il ne soit pas toujours facile d'être absolument certain de ses sentiments à propos de l'une ou l'autre des affirmations, ne prenez pas trop de temps pour vous décider. Il est généralement préférable de donner une réponse assez rapide plutôt que d'hésiter longuement sur les autres possibilités.

Ne laissez aucune question sans réponse. L'exemple ci-dessous a été complété pour vous.

Exemple:

Lorsque je dors, je rêve très rarement | I | **OUI** (**NON**) | G |

Si vous entourez le NON, cela signifie qu'en fait, vous rêvez.

Ne tenez pas compte des lettres qui se trouvent de chaque côté du **OUI** et du **NON**: elles vous seront expliquées plus tard. A présent, commencez la partie 1 du questionnaire.

Questionnaire de personnalité

Partie 1

1. J'aime généralement travailler seul, à ma façon	I	OUI NON	G
2. Je rencontre facilement de nouvelles personnes	A	OUI NON	D
3. Les petites fautes que j'ai commises m'embêtent parfois	S	OUI NON	R
4. Je fais souvent des choses sans réfléchir	E	OUI NON	C
5. Je n'arrive pas à oublier facilement mes problèmes	S	OUI NON	R
6. Je n'ai aucune difficulté à me lancer dans un travail difficile	C	OUI NON	E
7. Même si personne n'est d'accord avec moi, je dis ce que je pense	A	OUI NON	D
8. Je préfère que ce soit quelqu'un d'autre qui dirige	D	OUI NON	A
9. J'aime faire les mêmes choses que mes amis	G	OUI NON	I
10. J'essaye vraiment de ne pas heurter les sentiments des autres	S	OUI NON	R
11. Je préfère faire quelque chose avec soin pour être sûr de le faire correctement, même si cela m'oblige à abandonner autre chose	C	OUI NON	E
12. Je lis beaucoup de choses tristes dans les journaux et dans les livres	S	OUI NON	R
13. J'ai souvent du mal à admettre que je me suis trompé	R	OUI NON	S

14. Je prends généralement la vie comme elle vient	C	**OUI** NON	E
15. Je pense que je travaille mieux en équipe	G	**OUI** NON	I
16. Je préfère rester à la maison plutôt que d'aller à des soirées	D	**OUI** NON	A
17. Je suis toujours intéressé par la dernière mode	E	**OUI** NON	C
18. Il y a trop de peine et de misère dans le monde	S	**OUI** NON	R
19. Je n'aime pas rester assis trop longtemps	E	**OUI** NON	C
20. J'essaye rapidement de nouvelles choses excitantes	E	**OUI** NON	C
21. Je suis à l'aise dans la plupart des situations	R	**OUI** NON	S
22. Je suis généralement moins perturbé par certaines choses que d'autres personnes	R	**OUI** NON	S
23. J'aide mes amis, quelles que soient les circonstances	G	**OUI** NON	I
24. Je m'inquiète parfois de savoir ce que les autres pensent de moi	D	**OUI** NON	A
25. J'ai presque toujours quelque chose à dire dans une discussion	A	**OUI** NON	D
26. Je reste parfois éveillé en pensant à des choses qui se sont mal passées	S	**OUI** NON	R
27. Cela ne me dérange pas de parler aux autres de mes propres sentiments	G	**OUI** NON	I
28. Je ne sais pas ce que je ferais sans mes amis	G	**OUI** NON	I
29. Je fais souvent des choses sans en informer les autres	I	**OUI** NON	G

30. J'aime rallier les gens à ma pensée	A	OUI NON	D
31. Je m'écarte souvent de mon but quand je fais quelque chose	E	OUI NON	C
32. Lorsque j'ai pris une décision, je parviens facilement à en changer	E	OUI NON	C
33. J'aime aider les gens à se connaître les uns les autres	A	OUI NON	D
34. Ce qu'il y a d'amusant avec les secrets, c'est de les dévoiler	G	OUI NON	I
35. Je trouve difficile de prendre une décision si celle-ci doit ennuyer quelqu'un	S	OUI NON	R
36. Je préfère écouter que parler	D	OUI NON	A
37. Je me réconcilie rapidement après une dispute	A	OUI NON	D
38. Je suis plus ou moins content de moi-même, tel que je suis actuellement	C	OUI NON	E
39. Si les gens veulent m'emprunter des choses, je préfère qu'ils me le demandent avant	I	OUI NON	G
40. J'aime partager mes problèmes avec mes amis	G	OUI NON	I

Partie 2

Dans la deuxième partie du test, vous devez réfléchir à la façon dont les autres vous décriraient. En réalisant ce test, n'essayez pas d'être modeste ou vantard: vos réponses doivent refléter vraiment l'idée que vous vous faites des sentiments de votre entourage à votre égard. Si vous posez cette question directement à des amis ou des membres de votre famille, assurez-vous d'obtenir une réponse honnête, et non pas diplomatique, et demandez-vous en quoi ces personnes pourraient être induites en erreur.

Le questionnaire 2 consiste en une liste de mots ou de phrases que les gens pourraient utiliser pour décrire une personne. Vous devez indiquer si vous pensez que les gens utiliseraient ou non ces mots et phrases pour vous décrire. Vous devez encercler l'une des réponses OUI ou NON, comme dans le questionnaire 1. Ne tenez à nouveau pas compte des lettres; elles vous seront expliquées par la suite. Commencez à présent le questionnaire 2.

Les gens me décriraient généralement comme:

1.	Sociable	G	OUI	NON	I
2.	Déterminé	I	OUI	NON	G
3.	Calme	C	OUI	NON	E
4.	Prétentieux	A	OUI	NON	D
5.	Réservé	D	OUI	NON	A
6.	Sentimental	S	OUI	NON	R
7.	Conformiste	G	OUI	NON	I
8.	Confiant	A	OUI	NON	D
9.	Impatient	E	OUI	NON	C
10.	Animé	E	OUI	NON	C
11.	Cordial	A	OUI	NON	D
12.	Un dissident	I	OUI	NON	G
13.	Un individu parmi d'autres	G	OUI	NON	I
14.	Sensible	S	OUI	NON	R
15.	Prêt à accepter les avis des autres	G	OUI	NON	I
16.	Expansif	A	OUI	NON	D
17.	Timide	D	OUI	NON	A
18.	Influencé par les amis	G	OUI	NON	I
19.	Réaliste	R	OUI	NON	S
20.	Très dynamique	E	OUI	NON	C
21.	Insensible	R	OUI	NON	S
22.	Modeste à l'excès	D	OUI	NON	A
23.	Impulsif	E	OUI	NON	C
24.	Ayant trop de cœur	S	OUI	NON	R
25.	Choquant	E	OUI	NON	C
26.	Qui suit son propre chemin	I	OUI	NON	G
27.	Tranquille	C	OUI	NON	E

83

28. Brusque	R	OUI NON	S
29. Rêveur	S	OUI NON	R
30. Modéré	C	OUI NON	E
31. Ayant les deux pieds sur terre	I	OUI NON	G
32. Qui se base sur les faits	R	OUI NON	S
33. Pudique	D	OUI NON	A
34. Accueillant	A	OUI NON	D
35. Serein	C	OUI NON	E
36. Susceptible	S	OUI NON	R
37. Placide	C	OUI NON	E
38. Objectif	R	OUI NON	S
39. Nerveux	D	OUI NON	A
40. Solitaire	I	OUI NON	G

Comment analyser le test de personnalité? (test REAG)

Les lettres qui encadrent les OUI et les NON ont délibérément été placées dans le désordre et dans des colonnes différentes afin que vous ne puissiez pas déceler le fonctionnement de ce test. Bien sûr, vous pouvez rapidement vous en apercevoir si vous le désirez: il est difficile de ne pas se rendre compte que les différents éléments semblent être liés entre eux de façon identique. Par ailleurs, mélanger les questions et placer les réponses dans le désordre vous obligera à maintenir votre esprit en alerte, et cela vous forcera également à donner des réponses qui correspondent vraiment à votre personnalité, ce qui est précisément le but que nous cherchons à atteindre. Pour analyser le test, commencez par la partie 1 et comptez le nombre de fois où vous avez répondu OUI ou NON à chaque lettre R. Cela vous donnera votre score pour R. Inscrivez ce résultat dans le tableau ci-dessous. Faites de même pour les lettres E, A et G.

Répétez cette opération pour la partie 2. Vous pouvez alors additionner les résultats obtenus pour les deux parties, pour chaque lettre. Vous obtenez donc, pour chacune des lettres, un score sur 20 points.

Pour vérifier si vous avez effectué correctement le calcul, prenez les lettres S, C, D, I et procédez de la même manière que pour R, E, A, G. Vous pouvez observer que S est complémentaire de R, C de E, D de A et I de G. Pour chaque partie, le score de chaque paire de lettres devrait vous donner 10. Le score maximum pour chaque paire de la partie 1 est de 10, et de même pour la partie 2. Chacun de ces scores correspond à un aspect différent de votre personnalité. Ceux-ci peuvent être pris dans un ensemble et, en fait, c'est de cette façon qu'ils doivent être appréhendés puisque votre personnalité est constituée comme un tout. Cependant, pour les besoins de l'analyse, nous examinerons ces différents aspects un par un.

Résultats du test de personnalité

Partie 1	+	Partie 2	=	Total
R (8) / 10	+	R (10) / 10	=	18 / 20
E (9) / 10	+	E (9) / 10	=	18 / 20
A (8) / 10	+	A (10) / 10	=	18 / 20
G (9) / 10	+	G (10) / 10	=	19 / 20

Quelle différence cela fait-il pour ma carrière si je suis plus ou moins sensible ou rationnel?

Vous pouvez être à la fois sensible et rationnel, au sens que l'on donne à ces termes dans le langage courant, mais dans le test de personnalité, ils ont un sens particulier. Une personne peut aimer travailler avec des informations objectives, par exemple, et éprouver néanmoins des sentiments! C'est pourquoi il est important de comprendre ce que signifient ces mots dans le cadre de ce test.

Les caractéristiques de R

L'échelle R vous donne une idée de l'importance que vous accordez aux sentiments et si vous arrivez à les gérer dans un environnement professionnel. Beaucoup de personnes pensent que gérer des sentiments, ce qui implique souvent de la compréhension et de la considération envers les autres, empêche de mener à bien un travail. Si vous adoptez ce point de vue, alors vous voudrez accomplir une tâche avec un minimum d'embarras. Plus votre score est élevé sur l'échelle R, et plus il est vraisemblable que vous avez une approche réaliste, terre à terre, pragmatique de la vie. Vous aimez probablement avoir à faire avec des problèmes factuels qui demandent une approche logique. Vous aimez voir clairement les choses, et les solutions doivent être des certitudes pour vous. Vous n'appréciez pas ce qui reste vague et les travaux qui restent inachevés; vous aimez l'ordre et les systèmes. L'aspect positif d'une personnalité rationnelle se retrouve dans la faculté d'organiser toutes sortes d'éléments de façon claire. Votre objectivité vous permet d'arriver à un résultat et de progresser. Le fait d'être détaché vous permet d'être analytique et perspicace.

Le point négatif, c'est que vous êtes moins à l'aise avec des éléments plus émotionnels qui ne peuvent être aisément classifiés. De ce fait, vous préférerez vous trouver dans un environnement où des aspects émotionnels ne viennent pas "contaminer" le problème que vous avez à résoudre. Vous êtes à même de voir ce à quoi vous attendre et vous comprenez les choses avec logique, mais vous aurez plus de mal à déceler si une chose est bonne ou mauvaise, lorsqu'elle ne pourra plus être classée objectivement.

Si vous vous situez vers le haut de l'échelle R, vous vous dirigerez plus volontiers vers des carrières qui vous permettront de travailler avec des faits, des informations, des objets ou des équipements. Vous aimez sans doute travailler avec les gens, mais c'est surtout le résultat ou le travail en lui-même qui vous intéresse en premier lieu.

Les caractéristiques de S

Si votre score se situe plutôt vers le bas de l'échelle R, votre personnalité est plus marquée par la sensibilité. Vous serez fortement attentif à ce qu'on vous dit et à ce qui se dit de vous, ainsi qu'à la façon dont tout cela est énoncé. La logique et l'ordre sont des éléments moins primordiaux pour vous que l'expression des sentiments. Si vous vous situez dans le bas de l'échelle R, vous avez la capacité d'appréhender les deux pôles d'une discussion. Vous serez également à même de vous rendre compte de l'importance émotionnelle de certains faits. Le désavantage d'avoir une personnalité plus sensible, c'est de réagir parfois trop intensément quand les faits vous semblent, par exemple, injustes. Peut-être prenez-vous les choses de façon trop personnelle? Si c'est le cas, vous risquez de décourager parfois les autres lorsqu'ils ne comprennent pas ce qui vous ennuie. Vous êtes peut-être un peu rêveur et manquez de sens pratique. Si vous vous trouvez plutôt dans le pôle de la sensibilité, vous serez frustré si votre travail ne vous permet pas d'utiliser votre intuition. Vous vous sentirez parfois découragé ou ennuyé par les sentiments que vous éprouvez, une caractéristique que vous partagez avec les gens plutôt créatifs. Vous vous épanouirez dans les domaines artistiques ou dans un environnement qui y est apparenté. Ou bien vous vous rendrez compte que votre sensibilité vous permet une certaine compréhension des problèmes des autres.

Vous pouvez comparer votre propre résultat sur l'échelle R avec ceux des autres professions. Mais rappelez-vous que les exemples donnés ci-dessous comportent également trois autres aspects de la personnalité qui n'ont pas encore été abordés, c'est pourquoi vous n'arriverez peut-être pas à vous identifier complètement à un de ces métiers.

Néanmoins, vous pouvez vous demander quelles sont les caractéristiques que vous avez et qui se retrouvent dans les métiers indiqués ci-dessous. Indiquez votre résultat à l'aide d'une croix, sur l'échelle.

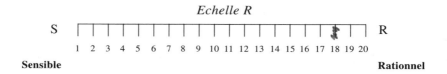

Echelle R

S ⌐ 1 2 3 4 5 6 7 8 9 10 11 12 13 14 15 16 17 18 19 20 ⌐ R

Sensible   **Rationnel**

artiste	agent immobilier
danseur	analyste-programmeur
étalagiste	avocat
fleuriste	caméraman
infirmier	fonctionnaire
professeur	gardien de prison
professeur d'art dramatique	mécanicien
puéricultrice	plongeur
romancier	secrétaire de direction

Suis-je calme ou énergique?

Peu importe l'extrémité de l'échelle où vous vous trouvez, vous pouvez éprouver de grandes frustrations si votre emploi ne s'accorde pas avec cet aspect de votre personnalité.

Si vous vous situez plus ou moins au milieu de l'échelle, vous pourrez, dans une certaine mesure, faire "pencher" votre personnalité d'un côté ou de l'autre, mais il vous sera difficile de poursuivre pendant longtemps une carrière qui nécessite l'un de ces traits plutôt que l'autre.

Les caractéristiques de E

Une personne vive, énergique, aura tendance à réagir promptement face à certaines situations et à certaines personnes. Si c'est votre cas, vous préférez que les choses bougent rapidement; vous aimez le changement et la variété. Vous êtes spontané et prenez des décisions au pied levé. On trouve beaucoup d'aspects positifs dans une telle personnalité. Tout d'abord, vous êtes de bonne compagnie parce que vous êtes amusant. Vous saisissez les idées très rapidement. Vous êtes pétillant et toujours en effervescence. Votre enthousiasme est contagieux. Vous voulez réaliser des choses, et vous vous épanouirez certainement dans une carrière animée et même frénétique, où tout arrive en même temps. Les professions en relation avec le monde des médias et du spectacle peuvent vous intéresser à cause de leur constante variété.

Un aspect négatif de votre personnalité réside dans le fait que vous avez peut-être du mal à finir ce que vous avez commencé. En fait, vous avez parfois trop de centres d'intérêt à la fois et ne parvenez pas à mener tout ce que vous entreprenez à terme.

Vous n'avez sans doute pas non plus le sens de l'organisation. Malgré cela, vous arrivez à éviter les critiques, grâce à votre flair.

Les caractéristiques de C

Si vous vous trouvez à l'extrémité inférieure de cette échelle, vous avez un tempérament calme et faites preuve de constance. On peut compter sur vous. Êtes-vous parfois troublé par quelque chose? Probablement jamais. Et si cela vous arrive, vous attendez sans doute que les choses s'arrangent d'elles-mêmes plutôt que d'intervenir ou de vous énerver. L'avantage de ce type de personnalité, c'est de garder la tête froide lorsque tout le monde commence à paniquer. Vous pouvez sauver une situation par votre approche réfléchie. Vous serez à votre avantage dans des emplois où la stabilité et l'assiduité sont importantes: vous planifiez en effet votre travail avec le plus grand soin, ce qui vous permet de le mener à bien dans les délais prévus.

D'un autre côté, on vous taxera parfois de monotonie, voire de lourdeur d'esprit. Ce n'est pas entièrement exact, bien sûr, mais vous devez cependant reconnaître que vos réactions sont quelque peu prévisibles. Cependant, nous avons tous besoin de vous: sans votre calme, où serions-nous?

Vous vous rendrez compte que, dans certains emplois, le travail doit être exécuté d'une façon immédiate, impulsive, spontanée. Dans ce type d'emplois, les individus sont toujours survoltés, leur adrénaline au plus haut niveau. D'un autre côté, il existe des emplois qui conviennent mieux aux personnalités plus calmes. Inscrivez votre propre score à l'aide d'une croix sur l'échelle E et voyez si vous pouvez vous identifier aux carrières qui correspondent à votre trait de caractère.

Echelle E

administrateur	agent d'import-export
agent de la sécurité	agent publicitaire
ambulancier	barman
bibliothécaire	coiffeur
dessinateur	commerçant
éclairagiste	couturier
médecin	danseur
officier de police	décorateur
ostéopathe	démonstrateur
pompier	employé dans un service commercial
restaurateur (tableaux)	mannequin
secrétaire	masseur
thérapeute	vendeur

Dois-je être autoritaire pour bien réussir ma carrière?

La réponse à cette question dépend de ce que vous entendez par "bien": si, pour vous, cela signifie succès matériel, alors la réponse sera probablement oui. Si vous voulez également avoir du pouvoir et de l'influence sur les autres, la réponse sera encore oui. Mais le mot "bien" signifie beaucoup d'autres choses si vous attachez de l'importance à la satisfaction, à la tranquillité d'esprit et à la coopération plutôt qu'aux conflits. Cette échelle détermine combien vous êtes actif et déterminé, et combien vous êtes prêt à faire ce qu'il faut pour arriver à vos fins.

Les caractéristiques de A

Une personne qui a un score élevé sur l' échelle A aura une personnalité agressive, dominante et l'on trouve autant de femmes que d'hommes qui ont une telle personnalité. Pourtant, ces caractéristiques ne sont généralement pas associées avec la féminité: l'autorité doit bien entendu être mise en rapport avec la domination, et nos sociétés occidentales estiment de fait que les femmes jouent largement un rôle de dominées. Ce n'est plus forcément le cas et les attitudes par rapport aux rôles assumés par les femmes se modifient – probablement parce qu'il devient évident de nos jours que les femmes peuvent être d'excellentes meneuses d'hommes. Les anthropologues ont apporté des témoignages de sociétés dominées par les femmes, de sorte que la domination masculine ne peut plus être vue comme une caractéristique biologique immuable. L'échelle A détermine si vous faites partie des personnes qui ont de l'allant et qui vont de l'avant. Si c'est le cas, vous savez ce que vous voulez et vous êtes prêt à faire ce qu'il faut pour l'obtenir plutôt que d'attendre que cela vous tombe dessus. Vous pouvez, à certains moments, être impatient. Vous vous montrez confiant en vos possibilités ou, du moins, vous montrez une telle volonté de réussite que vous surmonterez les obstacles. Vous accueillez sans doute positivement le changement. Les autres pensent certainement à vous pour diriger,

parce qu'ils reconnaissent votre volonté d'aller de l'avant et peut-
être également parce qu'ils vous sentent prêt à prendre certains risques. On ne vous arrête pas facilement et vous arrivez toujours à
vous en tirer lorsque vous êtes dans une mauvaise passe.

Du côté des points plus négatifs, vous heurterez souvent les sentiments des autres. Cependant, vous avez l'impression que c'est de
leur propre faute si ils se mettent en travers de votre route. Vous
trouvez qu'il est facile de s'arranger avec les autres, même si vous
devez parfois les manipuler un peu ou ne leur dire que ce qu'ils ont
besoin de savoir. Vous vous dirigerez probablement vers des carrières qui vous donneront du pouvoir et de l'influence.

Les caractéristiques de D

Si vous avez des dispositions plus passives, vous êtes plutôt discipliné. Vous travaillez de façon structurée et êtes attentif aux détails.
Vous avez une pensée très logique et vous vous accommodez de
certaines choses alors que les autres s'en plaignent ou se rebellent.
Vous vous sentez à l'aise dans une carrière qui vous permet de rester à l'arrière de la scène. Vous essayerez vraiment de plaire, et les
autres personnes vous incluront dans leurs activités, parce qu'elles
vous perçoivent comme consciencieux et fiable.

Le point négatif de ce type de caractère parfois trop passif, c'est
que vous éprouverez des difficultés à communiquer vos propres besoins aux autres. Vous vous satisfaites de ce que l'on vous propose
parce que vous n'arrivez pas à vous faire comprendre. Vous évitez
de faire des remous et, bien sûr, si vous sentez que l'on ne vous apprécie pas, vous rejetez la faute sur vous-même. Vous ne serez peut-
être pas capable de dépasser les limites que les autres ont fixées
pour vous ou que vous vous êtes fixées vous-même.

Inscrivez votre score sur l'échelle A, à l'aide d'une croix. A nouveau, la liste des carrières ci-dessous vous donnera une idée de ce
qui vous convient le mieux.

Echelle A

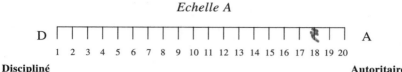

D | 1 2 3 4 5 6 7 8 9 10 11 12 13 14 15 16 17 18 19 20 | A

Discipliné   **Autoritaire**

assistant bibliothécaire	acheteur dans le prêt-à-porter
bactériologiste	acteur
caissier	contrôleur des finances
correcteur	coursier
diététicien	courtier
employé	directeur d'hôtel
encadreur	directeur de banque
garde-chasse	directeur du personnel
graveur	éditeur
historien	esthéticienne
illustrateur	négociateur syndical
jardinier	professeur
journaliste technique	rédacteur en chef
magasinier	reporter
orfèvre	responsable des relations publiques
relieur	responsable des transports

Devrais-je travailler seul?

Certains d'entre nous aiment plus que d'autres avoir des contacts humains. Il existe plusieurs facteurs qui déterminent si nous voulons passer la plupart de notre temps avec des gens, et si nous préférons être en compagnie de beaucoup de personnes ou seulement d'une ou deux. Certains d'entre nous ne supportent les contacts qu'à petites doses, et se sentent mieux lorsqu'ils travaillent seuls, sans qu'on les dérange. Dans certaines carrières, le travail à effectuer ne demande pas qu'il y ait beaucoup de communication entre

93

les personnes, par exemple si le type de travail est hautement spécialisé. Mais c'est assez rare et, dans pratiquement tous les emplois, les contacts sociaux sont indispensables. Que vous soyez impliqué dans le management ou que vous fassiez partie d'une équipe de travail, vous devrez prendre en compte cette nécessité d'avoir des contacts avec les autres.

Les caractéristiques de G

Si vous obtenez un score élevé sur l'échelle G, cela signifie que vous aimez les contacts humains. Vouloir être avec les gens n'a rien à voir avec de l'agressivité ou de la confiance en soi. En fait, une personne qui se trouve à droite de l'échelle G se sentira sans doute vulnérable; elle préférera se tourner vers les autres pour leur demander de l'aide et des conseils. De telles personnes aiment se retrouver et travailler en groupe. A l'autre extrémité de l'échelle, on trouve des personnalités indépendantes, des personnes qui prennent seules leurs décisions. Si vous vous situez plutôt vers la gauche de l'échelle G, cela ne signifie pas que vous manquez de confiance envers les autres, mais vous préférez ne dépendre que de vous-même. Cependant, un tel score signifie souvent une certaine timidité. L'avantage d'être à droite de l'échelle G, c'est de pouvoir vous intégrer facilement. Votre intérêt pour les autres sera véritablement le ciment d'une équipe; vous arrivez souvent à retirer le meilleur des gens, qui vous en seront reconnaissants. La loyauté envers le groupe et la confiance que vous inspirez sont également des traits très appréciés, de même que votre engagement par rapport aux buts à atteindre.

Le point plus négatif, c'est votre manque d'individualisme: vous soumettez vos propres désirs au bon fonctionnement du groupe. Vous risquez également de rencontrer un problème dans le cas où votre attachement à une équipe peut vous empêcher de prendre des décisions, sachant qu'elles pourraient offenser certains membres. Cette tendance à vouloir protéger les autres n'est pas toujours bénéfique au fonctionnement d'une organisation. En fait, cela ne serait même pas profitable pour les autres personnes, à long terme. Par exemple, si vous détournez l'attention portée sur une personne ne s'impliquant pas suffisamment dans une organisation ou une entreprise, vous ne lui rendez sans doute pas service en lui cachant certains problèmes. Pour vous, une organisation existe pour le bénéfice des gens qui y participent, plutôt que pour n'importe quelle autre raison – telle que créer un produit ou même réaliser un profit.

Les caractéristiques de I

A l'autre bout de l'échelle, la personne indépendante prend ses décisions seule. Si vous êtes à gauche de l'échelle G, cela ne signifie pas que vous n'aimez pas les autres (bien que ce soit très possible). Vous pensez que lorsqu'il s'agit d'arriver à un résultat, vous y parviendrez beaucoup mieux en travaillant à votre propre façon. Vous n'appréciez sans doute pas beaucoup les situations sociales. Vous intégrer à un groupe est quelque chose de très difficile pour vous. L'aspect positif d'une personnalité indépendante, c'est qu'elle vous ouvre de nombreuses opportunités. L'esprit d'indépendance est encore valorisé dans de nombreux emplois, où vous serez bien sûr en contact avec d'autres personnes, mais où vous pourrez vous isoler lorsqu'il s'agira de mener à bien votre travail. Ce qui est important, c'est que vous n'ayez pas à dépendre des autres en ce qui concerne la façon dont le travail est accompli: vous devez avoir l'opportunité de prendre vos propres initiatives, comme vous l'entendez.

Le grand désavantage, c'est que vous pouvez être amené à faire quelque chose de votre propre chef mais qui serait désapprouvé par d'autres personnes. On vous donnera peut-être une fonction très spécialisée, ce qui fera parfois de vous un étranger dans votre firme. Bien que vous puissiez apprécier une telle situation, vous en sortirez perdant: vous ne serez plus au courant de l'évolution générale de la société pour laquelle vous travaillez. Et, bien sûr, cela ne vous dérange pas beaucoup de ne pas recevoir de vœux à Noël!

Rappelons que les commentaires ci-dessus, tout comme ceux qui concernent les autres échelles, se rapportent aux extrémités de celles-ci. Inscrivez votre score G sur l'échelle et repérez les carrières avec lesquelles vous pourriez vous identifier.

Echelle G

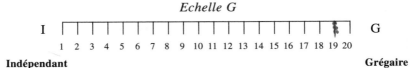

Indépendant   **Grégaire**

agent littéraire	agent de police
archéologue	agent publicitaire
architecte	animateur
assistant studio	assistant social
avocat	barman
chauffeur de taxi	caissier
critique littéraire	commissaire-priseur
dentiste	directeur d'hôtel
ébéniste	éditeur
écrivain	fonctionnaire
graveur	hôtesse/steward
imprimeur	interviewer
interprète	masseur
orfèvre	pompier
pédicure	responsable des relations publiques
relieur	standardiste
reporter	surveillant
traducteur	vendeur

Votre personnalité dans son ensemble

Après avoir examiné les quatre traits particuliers de votre caractère, inscrivez vos scores individuels sur le graphique REAG de la page suivante, en indiquant par une croix chacun de ces scores.

Exemple:

	R	E	A	G	
Haut	20	20	20	20	*Haut*
	18	18	18	18	
	16	16	16	X̶16	
	14	14	14	14	
	12	X̶12	12	12	
	10	10	10	10	
	8	8	8	8	
	6	6	6	6	
	4	4	4	4	
	2	2	X̶2	2	
Bas	X̶0	0	0	0	*Bas*
	S	**C**	**D**	**I**	

Reliez les quatre croix. Dans notre exemple, les résultats peuvent être décrits comme étant bas, haut, bas, haut (résultat du REAG: SEDG). Que faire si vos résultats se situent au milieu du graphe, ou si certains scores sont relativement faibles ou élevés? Essayez de juger par vous-même d'après la tendance indiquée par les résultats du test REAG. Si votre schéma n'est vraiment pas clair, envisagez parmi les combinaisons ci-dessous celles qui se rapprochent de vos propres résultats. Si vous êtes cependant toujours indécis par rapport à ces résultats, il serait peut-être bon que vous recommenciez le test, en essayant de mieux définir votre personnalité. Il se peut également que vous ayez une personnalité large, ouverte, qui peut s'adapter à de nombreux domaines et situations. Dans ce cas, ce sont vos motivations et vos aptitudes qui seront primordiales dans le choix d'une carrière.

	R	E	A	G	
Haut	20	20	20	20	*Haut*
	18	18	18	18	
	16	16	16	16	
	14	14	14	14	
	12	12	12	12	
	10	10	10	10	
	8	8	8	8	
	6	6	6	6	
	4	4	4	4	
	2	2	2	2	
Bas	0	0	0	0	*Bas*
	S	C	D	I	

Mon résultat au test REAG est: REAG

Combinaisons caractéristiques de la personnalité

Les seize combinaisons ci-dessous peuvent être utilisées pour (a) vous comprendre vous-même plus clairement, (b) mettre en rapport votre type de personnalité et un type d'emploi.

	REAG	Caractère
1.	REAG	Politicien
2.	REAI	Entrepreneur
3.	REDG	Assistant
4.	RCAG	Manager
5.	SEAG	Militant
6.	REDI	Travailleur indépendant
7.	RCDG	Fournisseur
8.	SCAG	Professeur
9.	SEAI	Artiste

10. RCAI   Avocat
11. SEDG   Aide
12. RCDI   Spécialiste
13. SEDI   "Papillonneur"
14. SCAI   Conseiller
15. SCDG   Supporter
16. SCDI   Solitaire

1. Le politicien (REAG)

Votre personnalité est énergique, autoritaire et essentiellement rationnelle; vous avez une préférence pour le travail en groupe. Bien que vous ne possédiez pas ces traits de caractère dans leur forme extrême, ils vous aident à négocier, organiser des campagnes et des activités afin de convaincre les autres. Vous êtes très actif et vous avez de nombreux contacts. Vous ne restez jamais très longtemps à chercher une réponse, une solution. Vous êtes dynamique et ne vous laissez pas abattre, ce qui fait qu'en fin de compte, vous obtenez ce que vous voulez. Bien que vous ayez déjà beaucoup de projets, vous semblez encore parvenir à vous lancer dans de nouveaux défis. Les autres personnes vous délèguent volontiers des responsabilités et vous voient comme un leader, à cause de vos idées, de votre confiance en vous, de votre esprit pratique et de votre sociabilité. Vous pourriez entrer dans le monde de la politique en tant que politicien proprement dit, ou en choisissant un poste en rapport avec la politique. Vous pourriez travailler dans un service gouvernemental mais également dans une entreprise, du fait de votre intérêt pour les structures organisationnelles et le développement.

Carrières

administrateur supérieur
agent immobilier
cadre dans la publicité
commissaire-priseur
entraîneur sportif

politicien
responsable des relations
   publiques

2. L'entrepreneur (REAI)

Votre personnalité peut être décrite comme étant énergique, autoritaire, indépendante et rationnelle. Vous montrez de la détermination à obtenir ce que vous voulez, parfois au détriment des autres personnes. Aucun doute là-dessus: vous avez une personnalité optimiste et dynamique. Vous savez repérer les opportunités et vous vous positionnez de sorte que ces opportunités vous servent. Il est fort peu probable que vous vous laissiez arrêter par des considérations secondaires. Vous suivez souvent votre propre voie et opposez vos propres arguments et décisions à ceux qui sont plus conservateurs que vous. Une telle personnalité, sûre d'elle et entreprenante, se retrouve souvent dans le monde des affaires. C'est votre esprit d'indépendance qui, parmi vos autres caractéristiques, est la clé de votre succès: vous êtes préparé à agir de votre propre initiative; vous faites ce que vous avez décidé de faire et attendez que les autres vous rattrapent. Vous vous lancez dans des activités qui vous permettent de progresser à votre façon et d'apposer votre marque personnelle sur ce que vous réalisez. De nombreuses carrières s'ouvrent à vous.

Carrières

acheteur	directeur du marketing
agent import/export	éditeur
courtier	gérant de restaurant
détective privé	

3. L'assistant (REDG)

Vous êtes énergique, discipliné et appréciez le travail d'équipe. D'un côté, vous avez une personnalité terre à terre et stable qui vous rend solide et digne de confiance. En même temps, vous êtes conformiste et vous vous adaptez bien aux autres. Cette combinaison vous permet de vous faire connaître dans des situations qui demandent des qualités sociales, plus particulièrement du tact et de la compréhension. Vous êtes sans doute tout autant populaire qu'admiré; vous savez ce qu'il convient de faire dans des situations de crise, en gardant votre sang-froid alors que les autres perdent le leur. Vous appréciez les défis et aimez mettre en œuvre les compétences que vous avez acquises pour les vaincre. Vous trouvez que la vie est intéressante et l'enthousiasme, plus que l'ambition personnelle, est l'une de vos principales caractéristiques. Il existe de nombreuses opportunités pour vous dans beaucoup de métiers. En fait, vos caractéristiques sont tellement demandées que vous vous trouverez rarement sans emploi. Vous vous insérez bien dans la structure de la plupart des organisations et sociétés au sein desquelles votre sens pratique et votre ardeur seront toujours appréciés.

Carrières

assistant dentiste	hôtesse/steward
assistant post-pénal	masseur
barman	réceptionniste
coiffeur	

4. Le manager (RCAG)

Vous êtes rationnel, calme, autoritaire et aimez le travail en équipe. Vous êtes intéressé par les autres et avez un excellent sens de l'intuition. Il pourrait être particulièrement intéressant pour vous de diriger des personnes, dans une organisation au sein de laquelle le succès peut être ramené à la réussite de toute une équipe. Il vous arrive de vous méfier des idées abstraites ou trop élaborées; votre propre personnalité est le produit de l'expérience et des compétences développées à travers cette expérience. Vous êtes plus méthodique qu'inspiré et, le fait que vous ne preniez pas de risques inconsidérés vous permet généralement de mener à bien ce que vous entreprenez. Les autres ont confiance en vous, vous occupez donc souvent des postes à responsabilités. Vous êtes souvent celui qui permet aux choses d'aller de l'avant, particulièrement lorsque des personnes et des équipements entrent en même temps en ligne de compte. Idéalement, vous travaillez dans une organisation, quel que soit son type. Vous travaillez soit en relation avec des produits ou des équipements, soit en fonction de buts précis qui vous permettront d'obtenir des résultats tangibles.

Carrières

conseiller en investissements	officier dans les forces armées
directeur d'hôtel	responsable de la production
directeur de banque	responsable des transports
directeur général	

5. Le militant (SEAG)

Vous êtes sensible, énergique, autoritaire et appréciez le travail de groupe. Ces qualités signifient que vous êtes attentionné envers les gens et que vous avez beaucoup d'idées. Ajoutez-y du flair et vous avez quelqu'un qui peut se mobiliser pour des causes. Vous mettez rapidement le doigt sur les injustices. Bon, vous feriez quelquefois mieux de vous taire, mais qui s'en soucie: les choses doivent parfois être dites.

Vos intentions sont bonnes mais vous devez faire attention à ne pas prendre la tangente face aux responsabilités. Vos aspirations vous poussent à vouloir faire le bien, à créer un monde meilleur. Vous pouvez être ambitieux et vous impliquer au niveau émotionnel: cela fait votre force. Votre point faible serait plutôt de ne pas vous rendre compte du moment où il convient de vous arrêter. Cependant, les gens compteront souvent sur vous pour prendre fait et cause pour eux.

Vous devriez chercher un emploi où les gens ont besoin d'une main secourable ou de quelqu'un qui leur ouvre le chemin. Vous pourrez suppléer au charisme et à la force morale qui leur fait peut-être défaut. Préparez-vous à des relations intenses mais courtes dans votre milieu professionnel: vous passerez en effet énergiquement et avec enthousiasme d'un projet à l'autre.

Carrières

chorégraphe	médiateur syndical

démonstrateur
esthéticienne
journaliste

professeur d'art dramatique
professeur pour handicapés

6. Le travailleur indépendant (REDI)

Vous êtes rationnel, énergique, discipliné et indépendant. Vous aimez travailler selon vos propres souhaits et à votre propre rythme. Mais vous êtes également capable de vous adapter aux autres et d'adapter votre façon de travailler à celle d'autres personnes. Vous pouvez faire face aux événements et vous ne les laissez pas vous dominer.

Vous aimez avoir une certaine compétence et vous aimez également savoir avec certitude ce que l'on attend de vous.

Les relations humaines sont, pour vous, basées sur un respect mutuel. Vous avez peut-être un patron, mais vous pouvez travailler sans être supervisé, sans avoir quelqu'un sur le dos.

Vous arrivez à appliquer vos capacités à de nouvelles situations, mais vous n'êtes pas quelqu'un qui prend des risques. Votre indépendance et votre vivacité sont souvent prises, à tort, pour des potentialités dans le domaine du management. Ce domaine peut parfois vous attirer, mais ce n'est pas vraiment ce que vous recherchez parce que cela altère vos relations avec les autres. Un autre élément auquel vous devez être attentif, c'est de ne pas trop vous reposer sur des compétences ou même sur un métier qui deviendraient trop rapidement dépassés.

Malgré tout, vous êtes très flexible et vous vous adaptez facilement et les remises à niveau ainsi que les formations permanentes ne vous poseront aucune difficulté.

Carrières
agent de maintenance
bookmaker
chauffeur de bus
cuisinier
diététicien

interprète
peintre en bâtiments
ramoneur
technicien

7. Le fournisseur (RCDG)

Vous êtes rationnel, calme, discipliné et aimez travailler en équipe. Bien que vous aimiez vous retrouver avec des gens, vous ne désirez pas en être responsable; vous voulez simplement vous intégrer. Vous n'êtes pas le genre à hérisser les autres, mais vous vous rallierez plutôt aux décisions de la majorité. La stabilité et l'assurance dont vous faites preuve font de vous une personne que l'on prend volontiers pour ami et comme assistant. Vous êtes raisonnable en toutes choses. Vous vous sentez plus à l'aise lorsqu'il y a de l'ordre et de la planification. Le changement, ce n'est pas pour vous – à moins que celui-ci ne comporte absolument aucun risque. Vous agissez comme une force constante, sûre, qui maintient les gens ensemble; votre prédictabilité et la confiance que vous inspirez font de vous un bon collaborateur. Vous êtes une mine d'expériences utiles et d'informations sur lesquelles les autres peuvent compter. Les carrières que vous privilégierez sont celles qui sont en rapport avec des faits concrets, par exemple la réalisation de quelque chose de pratique. Vous serez probablement très impliqué dans un travail d'équipe.

Carrières

ambulancier	officier de police
caissier	pompier
gardien de prison	secrétaire
infirmier	surveillant

8. Le professeur (SCAG)

Vous êtes sensible, calme, autoritaire et grégaire. Cette combinaison de traits de caractère vous permet de vous en sortir dans un environnement exigeant et agité. Vous percevez bien les nuances dans les comportements d'autrui. Vous percevez également rapidement les idées et les possibilités. Vous êtes aussi ferme et plein d'assurance. Vous vous mêlez facilement aux autres personnes, et pas seulement dans le cadre du travail, puisque vous aimez être responsable des autres, même durant vos temps libres. Vous prenez en compte le point de vue des autres, mais vous êtes également déterminé. Il est probable que vous ayez une expérience et des compétences à exploiter. En fait, vous êtes probablement un expert dans votre branche.

Mais ce n'est sans doute pas tant le sujet ou le contenu de votre travail qui vous attire que d'avoir l'opportunité de transmettre ce savoir et cette expérience aux autres. Sous beaucoup d'aspects, vous êtes un leader, mais du fait de votre altruisme et de votre sensibilité, vous êtes plus attiré par une carrière dans les services publics que dans la diplomatie ou les affaires.

Carrières

animateur	ostéopathe
assistant social	professeur
éducateur	psychologue
infirmier en chef	responsable de formation

9. L'artiste (SEAI)

Vous êtes sensible, énergique, autoritaire et indépendant. Les idées et les formes d'expression sont essentielles pour vous. On vous décrit souvent comme étant radical, possédant un esprit peu pratique. Dans votre recherche de la nouveauté, vous pouvez vous sentir mal à l'aise et apparemment en porte-à-faux avec la société. Vous êtes une personne réfléchie, et vous avez un esprit vif qui reconnaît rapidement la dissonance qui existe dans beaucoup de domaines. A certains moments, vous pouvez avoir des réactions de défense ou être irritable, en raison de la force de vos sentiments et de vos principes. Vous vous sentez parfois prisonnier de choses émotionnelles ou abstraites. C'est pourquoi vous exprimez vos sentiments à travers votre art tandis que vous sermonnez votre entourage à propos de la politique ou de l'état du monde.

Il est probable que vous n'ayez que peu de relations avec les autres et que celles-ci soient intenses et parfois orageuses. Vous avez surtout besoin de travailler par vous-même: vous vous ennuyez rapidement au sein d'un groupe. Vous avez des idées qui vous sont propres et vous devez les élaborer selon votre propre façon de faire.

Carrières

architecte · · · · · · étalagiste
artiste · · · · · · musicien
danseur · · · · · · sculpteur
écrivain

10. L'avocat (RCAI)

Vous êtes rationnel, calme, autoritaire et indépendant. Vous disposez des faits, vous en avez une vision claire et vous êtes capable de les présenter calmement et logiquement. Il n'est pas question ici d'intuition. Vous êtes à l'aise dans un débat ou au moins en présence d'esprits aussi aiguisés que le vôtre, et non corrompus par le sentimentalisme. Vous êtes essentiellement une personne indépendante. Les gens ont besoin de vous pour résoudre leurs problèmes, mais les relations que vous entretenez avec eux seront des relations essentiellement de travail et non amicales. C'est le travail qui vous amène à rencontrer les autres, et non pas un sentiment de sympathie. Vous réussirez bien dans des carrières qui demandent de garder la tête froide alors que les autres ne savent plus ce qu'ils disent, ne s'en tiennent plus aux faits et s'avouent trop vite vaincus. Votre style investigateur et détaché s'adapte bien à des carrières où l'on doit s'assurer de la vérité objective et où l'on doit travailler avec des éléments rationnels.

Carrières

avocat · · · · · · dentiste
conseiller fiscal · · · · · · inspecteur de police
conseiller juridique · · · · · · médecin

11. L'aide (SEDG)

Vous êtes sensible, énergique, discipliné et appréciez le travail en groupe. Les autres vous trouvent intéressant, réceptif et apprécient votre présence. Votre caractéristique principale est votre volonté d'essayer de nouvelles choses. Vous êtes passionné et expressif. Les situations animées vous attirent et vous êtes heureux lorsque beaucoup de choses arrivent en même temps; la routine et les situations prévisibles vous ennuient. Vous détestez probablement les chiffres et le travail de bureau ne vous attire pas beaucoup.

De plus, vous avez le besoin de vous insérer dans une équipe, de vous sentir comme faisant partie d'un projet. Un groupe, au sein duquel vos propres aptitudes et votre personnalité pourront compléter celles des autres membres, vous conviendra bien. Vous ne manquerez jamais d'amis, puisqu'il est tellement amusant de se trouver en votre compagnie: votre enthousiasme est contagieux.

En même temps, vous ne parviendrez sans doute pas à vous fixer très longtemps sur un même projet parce que vous avez tendance à négliger le facteur de stabilité pour vous lancer dans de nouvelles opportunités.

Des carrières dans lesquelles vous trouverez de la nouveauté et travaillerez au sein d'un groupe vous conviendront parfaitement. Vous aimez réussir rapidement: c'est pourquoi les métiers qui demandent de longues études ne vous attireront pas beaucoup.

Carrières

conseiller conjugal   illustrateur
démonstrateur   vendeur
habilleuse

12. Le spécialiste (RCDI)

Vous êtes rationnel, calme, discipliné et indépendant. Vous avez un esprit détaché, aiguisé et clair, dépouillé des choses inutiles ou triviales. Votre façon de travailler est typiquement déductive: vous dévorez les connaissances et voyez les connections entre des éléments d'information apparemment épars. Vous établissez facilement des contacts avec des gens mais vous ne vous préoccupez pas trop des relations sociales, parce que vous avez "des choses à faire". Votre vie est bien ordonnée et il y a beaucoup de choses que vous voulez entreprendre. On vous décrit souvent comme quelqu'un d'efficace. Les autres font appel à vous pour résoudre leurs problèmes, sauf ceux qui nécessitent une solution plus intuitive. Il semble qu'il vous "manque" certains des défauts humains qui marquent les autres personnes, et votre attitude volontaire peut énerver ceux qui ont moins d'énergie et de confiance en eux.

Votre succès vous vient de votre approche organisée et de votre capacité d'expertise; votre avis sera apprécié parce qu'il est objectif. Cependant, vous commettriez une erreur en pensant que votre technique et votre connaissance peuvent vous amener à devenir un leader: cela requiert une sensibilité sociale, ce qui n'est pas l'un de vos points forts.

Carrières

actuaire	expert-comptable
analyste fonctionnel	ingénieur en électronique
analyste-programmeur	notaire
archiviste	plongeur
auditeur	technicien
commissaire aux comptes	

13. Le "papillonneur" (SEDI)

Vous êtes sensible, énergique, discipliné et indépendant. Ce qui est important pour vous, c'est de ne pas être trop engagé. Les contacts rapprochés et prolongés avec les gens sont à éviter tout particulièrement. Il est préférable que les gens restent à une certaine distance de vous: vous ne leur demandez rien, et vous préférez qu'ils ne vous demandent rien non plus.

Beaucoup de choses vous intéressent, mais vous n'en conduirez que bien peu jusqu'à leur terme. Vous avez un caractère insatiable qu'il est difficile de combler à long terme; vous n'êtes pas studieux et avez toujours tendance à aller de l'avant. D'un autre côté, vous avez une profusion de connaissances dispersées. Le problème est de trouver une façon de les rassembler et de les appliquer de manière utile. Vous êtes de bonne compagnie en société, et lorsque les sujets sont légers, vous pouvez être amusant et original. Ce à quoi vous arriverez dans votre carrière sera largement déterminé par la formation de base que vous avez reçue. Le travail que vous exercerez dépendra plus de la chance et des opportunités que d'un choix délibéré de votre part et de la volonté dont vous ferez preuve pour mener votre propre destinée.

Carrières

employé de magasin	mannequin
disc-jockey	ouvrier
garçon de café	portier

14. Le conseiller (SCAI)

Vous êtes sensible, calme, autoritaire et indépendant. Les gens tout autant que les idées vous fascinent, mais vous préférez rester détaché plutôt que de vous impliquer personnellement. Vous vous sentez plus attiré par ce qui relève de l'art plutôt que de la technique, mais votre stabilité fait de vous un critique ou un commentateur et non un artiste.

Mais plutôt que de vous contenter de faire des commentaires, vous aimez agir: vous aimez mettre vos théories en pratique. Bien que vous travailliez avec des gens, et que vous puissiez même avoir un rôle influent sur ces personnes, vous êtes plus quelqu'un qui reste à l'extérieur des groupes. Vous arrivez cependant à établir facilement des contacts, et vous possédez des qualifications et de l'expérience tout autant que de l'autorité. Vous pouvez vendre vos compétences en tant que consultant (bien que ce ne soit peut-être pas le titre du poste que vous occupez actuellement). Une bonne partie de votre talent vient du fait que vous savez quand les autres sont prêts à accepter vos initiatives. Un point plus négatif: vous pouvez par moments être trop théorique, et cela affecte vos relations et votre travail. Cependant, vous êtes appréciable et apprécié lorsqu'il s'agit de préciser la "route à suivre" et d'indiquer ce que les choses devraient être idéalement.

Carrières

analyste	consultant en ressources humaines
bibliothécaire	journaliste
consultant commercial	responsable de formation

15. Le supporter (SCDG)

Vous êtes sensible, calme, passif et grégaire. Vous avez de la perspicacité et des capacités qui vous permettent de contribuer de façon effective au bien-être des autres. Vous n'êtes pas seulement réfléchi et alerte, mais vous vous appliquez de façon calme et conséquente à retirer le maximum de vos talents. Vous vous intégrez facilement et personne ne se sent menacé par vous. En fait, les gens vous aiment beaucoup parce qu'ils se rendent compte que vous les aimez également et que vous êtes prêt à les aider. Ils se déchargeront de leurs problèmes sur vous et vous recevrez de la sympathie et des conseils utiles en retour. Vous travaillez bien dans une équipe où vos compétences complètent celles des autres ou lorsque tout le monde possède les mêmes compétences. A cet égard, vous êtes essentiellement démocrate et prêt à partager. Vous aimez être apprécié et valorisé et vous souffrez d'être utilisé ou exploité.

Vous vous retrouverez dans une carrière qui demande de la perspicacité, de l'application et des dispositions pour les rapports interpersonnels. Vous ressemblez en beaucoup de points à "L'aide", mais vos talents se situent plus du côté humain que technique.

Carrières

conseiller	professeur de remédiation
infirmier en centre psychiatrique	thérapeute
maîtresse d'école maternelle	travailleur social

16. Le solitaire (SCDI)

Vous êtes sensible, calme, discipliné et indépendant. Vous voulez travailler par vous-même et vous en êtes capable. Ce n'est pas tellement que vous voulez aller de l'avant et laisser les autres derrière, mais plutôt que vous voulez trouver votre propre créneau. Puisque vous n'avez pas besoin de beaucoup de contacts avec les gens, vous serez un grand lecteur, ou aurez d'autres centres d'intérêt pour vous occuper. Caractérisé par l'intelligence, la réflexion, vous préférez ne pas trop vous impliquer. Votre timidité sera parfois prise pour de la mauvaise humeur ou de l'hostilité: il s'agit en fait uniquement d'un moyen de vous protéger et du désir que vous avez de rester dans votre propre monde. Vous êtes intéressé par beaucoup de choses, consciencieux. Bien qu'il soit difficile de vraiment vous connaître, vous pouvez être très loyal. Vos opinions sont bien marquées et vous en changez difficilement. Bien que vous ayez peut-être beaucoup de contacts avec les gens, ce ne sera qu'un élément secondaire de votre travail. De nombreux emplois vous offrent cette solitude et cette liberté que vous aimez. Vous travaillerez plutôt pour un employeur, à moins que vous n'ayez un talent artistique à mettre en avant.

Carrières

arboriculteur	historien
conservateur (de musée)	jardinier
couvreur	modiste

Chapitre 4

Ma motivation: quelle est-elle?

D'une certaine façon, la motivation est plus importante que les aptitudes ou que la personnalité. Vous pouvez sans doute trouver vous-même des exemples qui soutiennent ce point de vue. Combien de personnes que vous connaissez et qui possèdent des aptitudes ne se sont apparemment pas souciées de leur réussite? D'un autre côté, vous connaissez certainement, ou avez entendu parler, de personnes qui ont réussi malgré toutes les difficultés, qui ont réussi dans des branches qui ne semblaient au départ pas faites pour elles, qui ont surmonté les embûches pour trouver la renommée et la fortune. Qu'est-ce qui fait que certains d'entre nous persévèrent alors que les autres abandonnent? Qu'est-ce qui fait que certains d'entre nous dépassent leurs humbles origines tandis que d'autres semblent poursuivis par leurs antécédents? Ce qui est et ce qui n'est pas possible pour la plupart d'entre nous est largement déterminé par la motivation. La force de la motivation n'est nulle part mieux expliquée que dans le contraste entre le succès dans le "monde réel" et les réussites aux examens ou à l'école. Il est assez curieux que le système scolaire, avec son approche sélective destinée à établir un critère de réussite, ne parvienne pas à prévoir le succès de quelqu'un dans la vie future. Le jeune adulte qui, à l'école, fait figure de cancre, laissera tomber les premières opportunités qui se présenteront à lui, et deviendra garçon de course, puis négociant et marchand, et enfin homme d'affaires. Il emploiera peut-être des diplômés en économie et des professionnels qui lui rapporteront encore plus d'argent. De même, certaines personnes qui possèdent toutes les ressources intellectuelles nécessaires n'arrivent pas à tirer le maximum de leurs potentialités, parce qu'elles manquent d'énergie, de dynamisme, en un mot, de motivation.

Nous pouvons être motivés par de nombreuses choses: la peur, l'amour, l'envie, la compassion. A un niveau fondamental, la motivation émerge des peurs attachées à nos besoins de base de survie, qui trouvent leurs origines dans notre passé animal. La faim est un grand facteur de motivation! Mais, une fois que ces besoins primaires sont satisfaits, nous commençons à être motivés par des activités que nous apprécions pour elles-mêmes et non plus parce qu'elles sont nécessaires à notre survie. Dans l'esprit de la plupart des gens, un emploi se situe à mi-chemin entre la survie et le plaisir. De nos jours, nous ne devons plus, pour la plupart d'entre nous, travailler pour survivre. Mais si vous aspirez à plus que la simple satisfaction de vos besoins primaires (manger et vous abriter), alors le travail sera important.

Existe-t-il un travail qui sera tout le temps satisfaisant et motivant? Êtes-vous prêt à donner votre temps et votre travail contre un salaire? Beaucoup de personnes pensent de cette façon. Ce qu'ils disent en fait, c'est ceci: "Je continue dans la carrière que j'ai choisie parce que cela me permet de gagner de l'argent pour mon temps libre." Il s'agit là d'un point de vue économique: l'échange du travail contre de l'argent. Cela conduit au système de la carotte et du bâton. En tant que manière de penser, ces principes sont actuellement beaucoup moins répandus que dans le passé, tant chez les employeurs que chez les employés.

A une époque où les bénéfices du bien-être prennent le pas sur la peur de la misère et étendent la disponibilité de ce qui, il y a 50 ans, aurait été considéré comme des articles de luxe, l'idée du plaisir au travail en tant que motivation est apparue. Il est devenu évident pour les employeurs qu'un employé qui aime faire son travail est beaucoup plus productif. Il ne s'agit actuellement plus de travailler par crainte (de la misère, etc.), mais de travailler pour la satisfaction personnelle que l'on peut en retirer. Votre travail vous rapportera toutes sortes de récompenses, mais certaines d'entre elles seront intangibles: le contentement, la satisfaction, le respect et l'affection. Heureusement, nous ne sommes pas tous motivés par les mêmes choses, et les opportunités qui nous sont offertes sont diverses et innombrables.

A cette étape de notre livre, il est évident pour vous que chacun de nous est né avec une structure intellectuelle et une personnalité uniques, et que, bien sûr, nous grandissons dans un environnement lui-même unique. Les influences que nous subissons, particulièrement pendant l'enfance, nous aiguillonnent et nous poussent dans différentes directions. Nous mettons continuellement à l'épreuve notre potentiel héréditaire, par rapport à notre environnement. Parfois, nous sommes gagnants, parfois, nous sommes perdants (lorsque "gagner" peut être défini comme l'accession à ce qui nous rend heureux, et "perdre" comme étant l'expérience de ce que nous trouvons malheureux). Cette distinction n'est pas toujours aussi nette: peu d'entre nous peuvent agir de façon totalement libre. En d'autres termes, nous n'avons pas tous les mêmes opportunités, et beaucoup d'entre nous se sentent bloqués ou refrénés: ils n'ont jamais vraiment eu l'opportunité de mettre leurs talents à l'épreuve ou de s'exprimer pleinement. Parfois, les enfants se heurtent à la désapprobation des adultes. Parfois, les matières que nous devons suivre à l'école ne nous conviennent jamais vraiment; nous faisons simplement ce que nos parents attendent de nous. Si nous nous connaissions vraiment et savions comment nous exprimer pour obtenir ce que nous voulons, nous aurions choisi une autre voie. Néanmoins, beaucoup de gens ont la possibilité, en grandissant, de découvrir ce qui les motive. Quels sont les cours, à l'école, que vous suiviez de bon cœur et ceux que vous suiviez en rechignant? Quels sont vos programmes préférés à la télévision? Comment occupez-vous vos temps libres? En faisant des mathématiques ou de la cuisine? Préférez-vous le sport ou la lecture? Aimez-vous sortir avec des amis ou regarder la télévision? De bien des façons, votre motivation a été "façonnée". Les sources d'information autour de nous sont nombreuses, et vous avez exploré un grand nombre de possibilités, soit directement en tant que participant, soit indirectement comme observateur. Vous avez mentalement traité cette information en l'évaluant, en la sélectionnant pour finalement la garder ou la rejeter.

Certaines choses que vous appréciez peuvent ne pas être immédiatement disponibles, mais vous êtes peut-être suffisamment motivé pour vous rapprocher de ce que vous désirez. Vous devrez étudier pour vous approcher encore plus du type d'activité qui vous attire. Au travers de rencontres, mais aussi par l'intermédiaire de la lecture et de la télévision, vous opérez constamment des connections à propos de la façon dont différentes carrières s'entrecroisent avec certains types d'aptitudes et de personnalités, ainsi que les satisfactions qu'elles apportent. Consciemment ou inconsciemment, vous continuerez tout le temps à vous confronter aux différentes possibilités. Lorsque vous découvrirez des modèles dans votre propre motivation et que vous vous connaîtrez mieux, vous appliquerez cette connaissance sur la multitude d'opportunités qui se présentent. Vous vous rendrez alors compte que certaines de ces combinaisons fonctionnent mieux que d'autres.

Comment se fait-il alors qu'avec toute cette riche expérience, vous soyez toujours indécis quant à ce que sont réellement vos motivations? Il est possible que vos centres d'intérêt ne se soient développés que sur la base de ce qui était disponible pour vous. Il est également possible que vous ayez déjà réussi dans un domaine pour lequel vous êtes doué, mais que vous souhaitiez explorer de nouvelles idées. A nouveau, vous avez peut-être entendu parler de beaucoup de métiers, mais vous éprouvez des difficultés à appréhender ce qu'ils impliquent réellement. Par exemple, vous étiez un bon nageur à l'école, mais cela signifie-t-il pour autant que vous aimeriez être plongeur? Vous étiez bon en mathématiques, mais quelles sont les contraintes du métier d'économiste? Vous aviez démarré dans l'affaire familiale, mais vous ne vous y êtes jamais senti comblé. Ne serait-ce pas une bonne idée de recommencer des études? Et si oui, dans quel domaine? Il est également possible que vos motivations aient changé. Bien que cela arrive assez rarement de façon soudaine, cela peut se produire sur de nombreuses années.

Enfin, beaucoup d'entre nous semblent être motivés par des éléments qui apparaissent souvent comme contradictoires: c'est pourquoi il est important de bien analyser la force et la direction de notre motivation. Le questionnaire de motivation vous permet de vous pencher sur votre motivation personnelle de façon structurée et pratique. Il est également destiné à vous faire revenir sur terre. Arrêtez de rêver, faites un bilan et lancez-vous!

Le questionnaire de motivation

Ce questionnaire analyse une face importante de votre motivation, celle qui est dirigée vers une carrière. La façon dont le questionnaire est réalisé vous aidera à prendre des décisions quant à l'importance que vous accordez à vos différents centres d'intérêt.

Bien que vous puissiez penser que vous allez développer de nouveaux centres d'intérêt si vous comprenez ce qui entre en ligne de compte, votre expérience actuelle doit en être le point de départ. Cependant, le questionnaire donne parfois des résultats surprenants. Peut-être parce qu'il peut révéler et mettre en lumière des possibilités de façon systématique et sensée, il met le doigt sur les domaines professionnels que vous percevez comme pouvant vous apporter le plus d'opportunités de vous exprimer – ceux qui ne vous apporteront pas seulement un salaire, mais également du plaisir et une satisfaction personnelle dans un sens que vous seul pouvez définir.

Le questionnaire comporte deux parties: on vous demande d'abord quels sont les emplois et les activités qui vous attirent. Il est important que vous vous fassiez une idée de "l'état d'esprit" dans lequel vous êtes lorsque vous répondez. Soyons clair à ce propos: vous pouvez être amené à éliminer certaines des possibilités parce que (a) vous n'avez pas les qualifications requises pour cet emploi ou (b) vous pensez ne pas pouvoir obtenir les qualifications nécessaires pour ce travail. Ne vous préoccupez pas de ces problèmes; choisissez d'abord ce qui vous attire, et laissez le soin au test d'aptitudes d'établir si vous pouvez faire ce travail ou non. En d'autres termes, si vous faites ce test avec un esprit "étroit", vous vous interdirez certaines possibilités avant même d'avoir commencé, parce que vous vous direz "Oh, je suis bien incapable de faire cela" (même si vous en avez envie).

Un autre état d'esprit que vous devez rejeter à ce niveau, c'est celui d'être trop concerné par (a) le salaire et (b) le statut. Il existe tellement de considérations qui entrent en jeu lorsque vous prenez une décision qu'il est impossible de les prendre toutes en compte; la meilleure chose à faire, c'est de les ignorer le plus possible. Demandez-vous seulement si l'occupation ou l'activité en question vous attire de façon générale. C'est l'impression qui est produite sur vous qui compte – vous pourrez évaluer vos raisons sous-jacentes et les différentes circonstances qui vous amènent à effectuer ce choix plus tard. Souvenez-vous, les résultats des tests d'aptitudes et de personnalité vous donneront des preuves plus concrètes de votre compétence à exercer un certain type de travail que si vous suiviez votre propre opinion.

Si vous ne parvenez pas à distraire votre esprit de certaines considérations réalistes et pratiques, la meilleure chose à faire est de réaliser deux fois le questionnaire de motivation, en vous plaçant à chaque fois dans un état d'esprit différent. Vous pourrez ensuite comparer les résultats. Par exemple, vous pourriez répondre de façon réaliste la première fois, et vous "laissez aller" la deuxième. Certains des choix que vous aurez à faire seront faciles; d'autres seront difficiles parce que les deux possibilités vous paraîtront également ennuyeuses ou attractives. Cependant, le questionnaire vous oblige à choisir, afin d'établir un tableau de l'attrait relatif de certains types d'activités.

Les gens refusent parfois de choisir entre deux choses qu'ils aiment ou détestent de la même manière. Ici, vous êtes obligé de prendre une décision. Lorsque vous indiquez votre préférence pour certains types d'activités par rapport à d'autres, cette information peut être utilisée pour indiquer quelles sont les carrières spécifiques qui s'accordent avec vos intérêts principaux.

Il n'y a pas de temps limite pour compléter le questionnaire, bien que vous ne deviez pas passer trop de temps pour y répondre. Les impressions premières sont souvent tout aussi parlantes que des décisions prises après un long temps d'hésitation. Que vous progressiez rapidement ou pas dans ce questionnaire n'aura aucune influence sur les résultats.

Essayez de compléter chaque partie sans vous interrompre. Il n'y aucune raison, par contre, pour que vous ne vous aménagiez pas une pause entre les parties 1 et 2. Chaque partie doit être complétée de la même façon: vous regardez les deux activités ou les deux descriptions d'occupations qui sont proposées, et vous choisissez celle qui vous attire le plus. Il est bon de se pencher sur des carrières que vous ne connaissez pas bien, afin de voir ce qu'elles impliquent. Lorsque vous choisissez entre deux carrières ou descriptions, trois points au total doivent être attribués. Si l'une des activités ou descriptions vous attire plus que l'autre, vous lui donnez trois points, et zéro point à l'autre. Si vous n'êtes pas sûr de vous, donnez deux points à celle pour laquelle vous avez cependant une légère préférence, et un point à l'autre. Attribuez donc plus de points à l'alternative qui a votre préférence. Vous devez toujours attribuer trois points, ni plus, ni moins.

Les points que vous donnez devront être inscrits dans les cercles tracés en face des descriptions ou professions.

Dans l'exemple ci-dessous, il est clair que la première profession est préférée.

Interprète   ③

Jardinier   ⓪

Dans l'exemple suivant, la personne a eu plus de mal à se décider entre les deux possibilités. Elle a donc décidé de répartir ses trois points.

Diriger un cinéma   ①

Travailler avec des formules et des équations   ②

Ne tenez pas compte des lettres qui se trouvent en tête des colonnes; leur signification vous sera expliquée par la suite.

A présent, vous pouvez commencer le questionnaire de motivation.

Le questionnaire de motivation

Partie 1

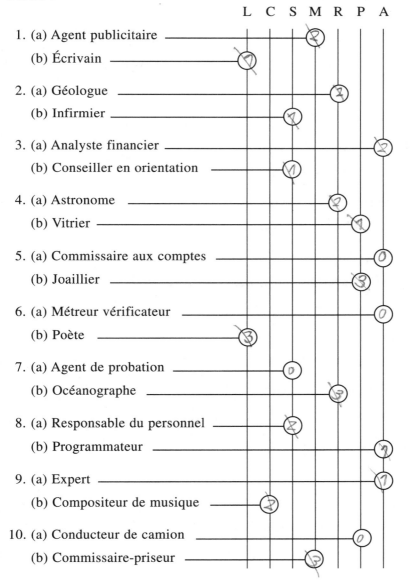

	L	C	S	M	R	P	A
1. (a) Agent publicitaire				2			
(b) Écrivain	1						
2. (a) Géologue						2	
(b) Infirmier			1				
3. (a) Analyste financier							2
(b) Conseiller en orientation			1				
4. (a) Astronome						2	
(b) Vitrier					1		
5. (a) Commissaire aux comptes							0
(b) Joaillier						3	
6. (a) Métreur vérificateur							0
(b) Poète		3					
7. (a) Agent de probation			0				
(b) Océanographe					3		
8. (a) Responsable du personnel			2				
(b) Programmateur							2
9. (a) Expert							1
(b) Compositeur de musique		2					
10. (a) Conducteur de camion						0	
(b) Commissaire-priseur				3			

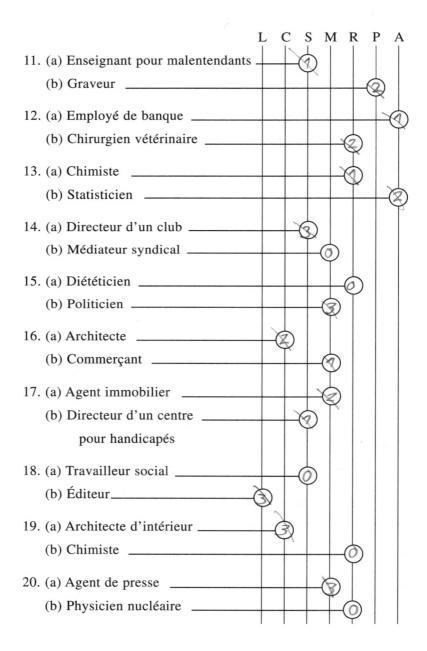

	L	C	S	M	R	P	A
11. (a) Enseignant pour malentendants			1				
(b) Graveur						2	
12. (a) Employé de banque							1
(b) Chirurgien vétérinaire					2		
13. (a) Chimiste					1		
(b) Statisticien							2
14. (a) Directeur d'un club			3				
(b) Médiateur syndical				0			
15. (a) Diététicien					0		
(b) Politicien				3			
16. (a) Architecte		2					
(b) Commerçant				1			
17. (a) Agent immobilier				2			
(b) Directeur d'un centre pour handicapés			1				
18. (a) Travailleur social				0			
(b) Éditeur		3					
19. (a) Architecte d'intérieur		3					
(b) Chimiste					0		
20. (a) Agent de presse				3			
(b) Physicien nucléaire					0		

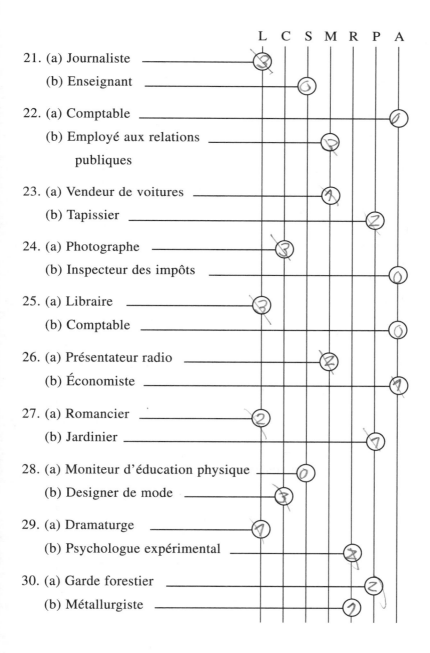

	L	C	S	M	R	P	A
21. (a) Journaliste	3						
(b) Enseignant			0				
22. (a) Comptable							0
(b) Employé aux relations publiques				2			
23. (a) Vendeur de voitures				1			
(b) Tapissier						2	
24. (a) Photographe			3				
(b) Inspecteur des impôts							0
25. (a) Libraire	3						
(b) Comptable							0
26. (a) Présentateur radio				2			
(b) Économiste							1
27. (a) Romancier		2					
(b) Jardinier						1	
28. (a) Moniteur d'éducation physique			0				
(b) Designer de mode			3				
29. (a) Dramaturge	1						
(b) Psychologue expérimental					2		
30. (a) Garde forestier						2	
(b) Métallurgiste					1		

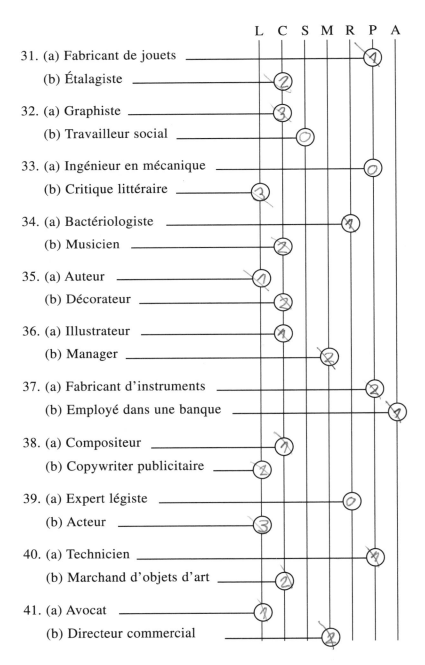

	L	C	S	M	R	P	A
31. (a) Fabricant de jouets							1
(b) Étalagiste		2					
32. (a) Graphiste		3					
(b) Travailleur social			0				
33. (a) Ingénieur en mécanique						0	
(b) Critique littéraire	3						
34. (a) Bactériologiste					1		
(b) Musicien		2					
35. (a) Auteur	1						
(b) Décorateur		2					
36. (a) Illustrateur	1						
(b) Manager				2			
37. (a) Fabricant d'instruments						2	
(b) Employé dans une banque							1
38. (a) Compositeur		1					
(b) Copywriter publicitaire	2						
39. (a) Expert légiste					0		
(b) Acteur		3					
40. (a) Technicien						1	
(b) Marchand d'objets d'art		2					
41. (a) Avocat	1						
(b) Directeur commercial				2			

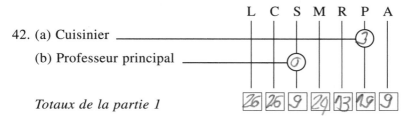

42. (a) Cuisinier

(b) Professeur principal

Totaux de la partie 1

(à ne pas compléter avant d'avoir terminé la partie 2 du questionnaire de motivation)

Partie 2

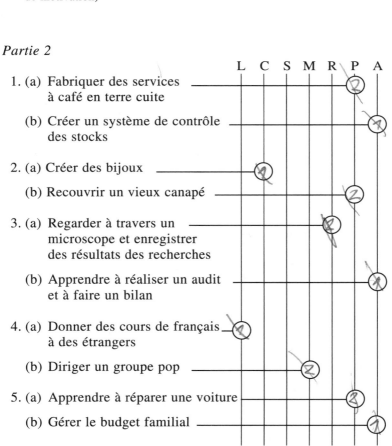

1. (a) Fabriquer des services à café en terre cuite

    (b) Créer un système de contrôle des stocks

2. (a) Créer des bijoux

    (b) Recouvrir un vieux canapé

3. (a) Regarder à travers un microscope et enregistrer des résultats des recherches

    (b) Apprendre à réaliser un audit et à faire un bilan

4. (a) Donner des cours de français à des étrangers

    (b) Diriger un groupe pop

5. (a) Apprendre à réparer une voiture

    (b) Gérer le budget familial

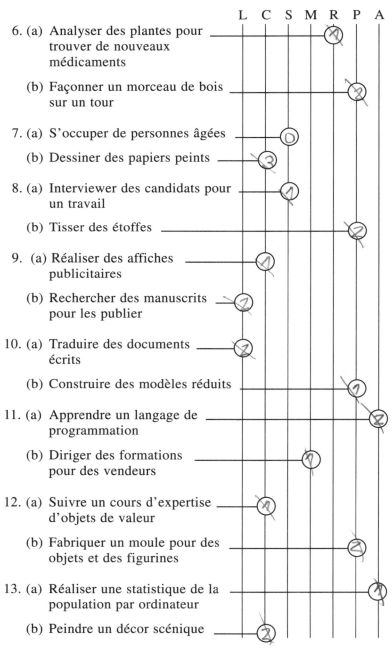

L C S M R P A

6. (a) Analyser des plantes pour trouver de nouveaux médicaments

(b) Façonner un morceau de bois sur un tour

7. (a) S'occuper de personnes âgées

(b) Dessiner des papiers peints

8. (a) Interviewer des candidats pour un travail

(b) Tisser des étoffes

9. (a) Réaliser des affiches publicitaires

(b) Rechercher des manuscrits pour les publier

10. (a) Traduire des documents écrits

(b) Construire des modèles réduits

11. (a) Apprendre un langage de programmation

(b) Diriger des formations pour des vendeurs

12. (a) Suivre un cours d'expertise d'objets de valeur

(b) Fabriquer un moule pour des objets et des figurines

13. (a) Réaliser une statistique de la population par ordinateur

(b) Peindre un décor scénique

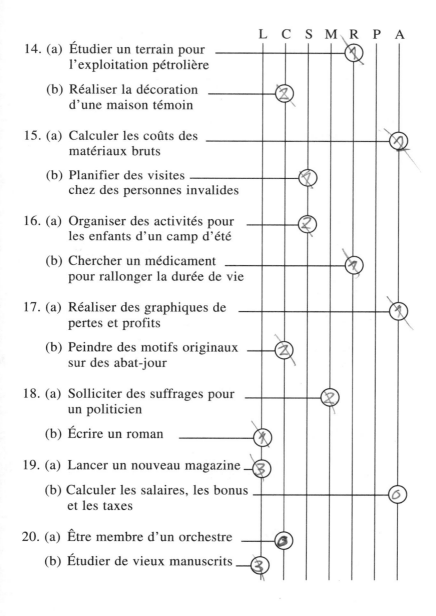

14. (a) Étudier un terrain pour l'exploitation pétrolière

(b) Réaliser la décoration d'une maison témoin

15. (a) Calculer les coûts des matériaux bruts

(b) Planifier des visites chez des personnes invalides

16. (a) Organiser des activités pour les enfants d'un camp d'été

(b) Chercher un médicament pour rallonger la durée de vie

17. (a) Réaliser des graphiques de pertes et profits

(b) Peindre des motifs originaux sur des abat-jour

18. (a) Solliciter des suffrages pour un politicien

(b) Écrire un roman

19. (a) Lancer un nouveau magazine

(b) Calculer les salaires, les bonus et les taxes

20. (a) Être membre d'un orchestre

(b) Étudier de vieux manuscrits

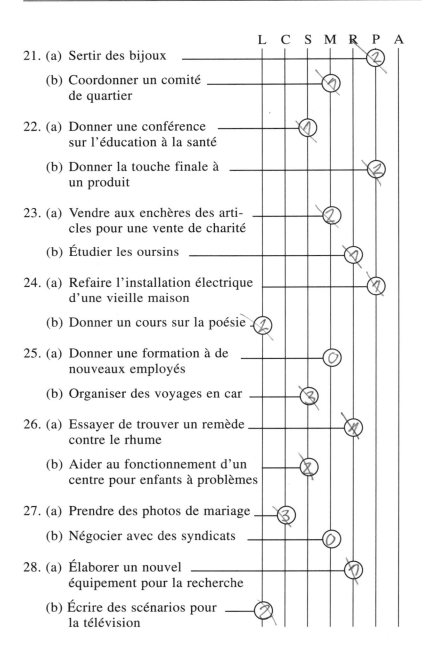

	L	C	S	M	R	P	A
21. (a) Sertir des bijoux						2	
(b) Coordonner un comité de quartier				1			
22. (a) Donner une conférence sur l'éducation à la santé			1				
(b) Donner la touche finale à un produit						2	
23. (a) Vendre aux enchères des articles pour une vente de charité				2			
(b) Étudier les oursins					1		
24. (a) Refaire l'installation électrique d'une vieille maison						1	
(b) Donner un cours sur la poésie	2						
25. (a) Donner une formation à de nouveaux employés				0			
(b) Organiser des voyages en car		3					
26. (a) Essayer de trouver un remède contre le rhume					1		
(b) Aider au fonctionnement d'un centre pour enfants à problèmes		2					
27. (a) Prendre des photos de mariage	3						
(b) Négocier avec des syndicats				0			
28. (a) Élaborer un nouvel équipement pour la recherche					1		
(b) Écrire des scénarios pour la télévision	2						

126

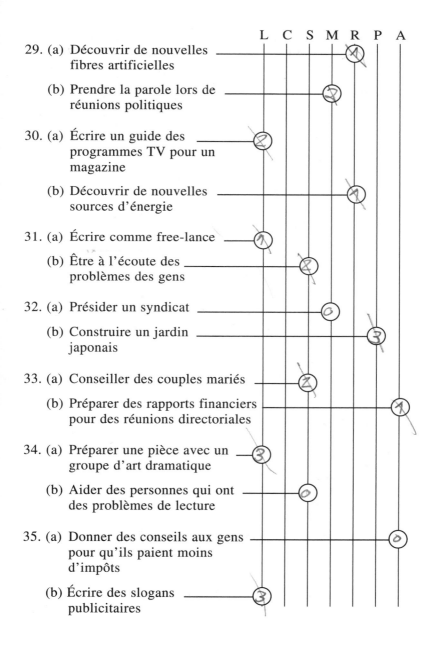

	L	C	S	M	R	P	A
29. (a) Découvrir de nouvelles fibres artificielles					4		
(b) Prendre la parole lors de réunions politiques				2			
30. (a) Écrire un guide des programmes TV pour un magazine		2					
(b) Découvrir de nouvelles sources d'énergie					1		
31. (a) Écrire comme free-lance	1						
(b) Être à l'écoute des problèmes des gens			2				
32. (a) Présider un syndicat				0			
(b) Construire un jardin japonais							3
33. (a) Conseiller des couples mariés		2					
(b) Préparer des rapports financiers pour des réunions directoriales							1
34. (a) Préparer une pièce avec un groupe d'art dramatique	3						
(b) Aider des personnes qui ont des problèmes de lecture			0				
35. (a) Donner des conseils aux gens pour qu'ils paient moins d'impôts							0
(b) Écrire des slogans publicitaires	3						

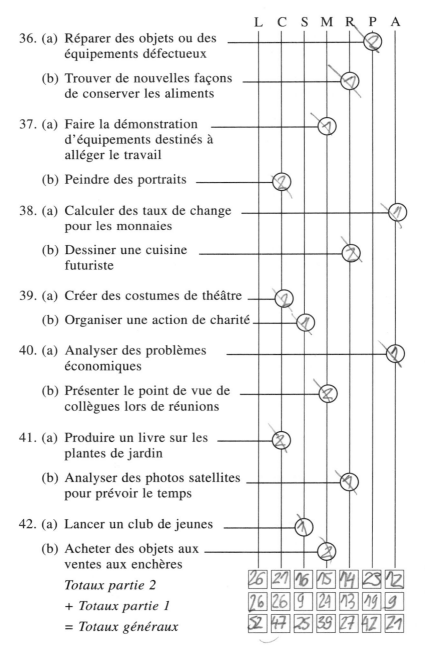

	L	C	S	M	R	P	A
36. (a) Réparer des objets ou des équipements défectueux | | | | | | ② | |
(b) Trouver de nouvelles façons de conserver les aliments | | | | | | ① | |
37. (a) Faire la démonstration d'équipements destinés à alléger le travail | | | | | ① | | |
(b) Peindre des portraits | | ② | | | | | |
38. (a) Calculer des taux de change pour les monnaies | | | | | | | ① |
(b) Dessiner une cuisine futuriste | | | | | ② | | |
39. (a) Créer des costumes de théâtre | | ① | | | | | |
(b) Organiser une action de charité | | ① | | | | | |
40. (a) Analyser des problèmes économiques | | | | | | | ① |
(b) Présenter le point de vue de collègues lors de réunions | | | | | ② | | |
41. (a) Produire un livre sur les plantes de jardin | | ② | | | | | |
(b) Analyser des photos satellites pour prévoir le temps | | | | | ① | | |
42. (a) Lancer un club de jeunes | | ① | | | | | |
(b) Acheter des objets aux ventes aux enchères | | | | | ② | | |

	L	C	S	M	R	P	A
Totaux partie 2	26	27	16	15	14	23	12
+ *Totaux partie 1*	26	26	9	24	13	19	9
= *Totaux généraux*	52	47	25	39	27	42	21

Le graphique de motivation

Revenez d'abord aux réponses données à la partie 1 et additionnez les chiffres pour chaque colonne. Commencez par la colonne L. Comptez le total et inscrivez-le au bas de la page. Faites de même pour les colonnes C, S, M, R, P et A. Faites de même pour chaque page jusqu'à obtenir le total pour la partie 1 du test, total que vous inscrirez dans les cases prévues à cet effet. Si vous avez fait correctement ce calcul, le total des sept colonnes devrait être égal à 126. Refaites la même opération pour la partie 2 du test. A nouveau, le total des colonnes devra être égal à 126. A présent, additionnez les totaux des deux parties pour obtenir le total général.

Vous pouvez inscrire ces résultats sur le graphique de la page suivante. Nous allons à présent voir à quoi correspondent ces lettres. Tracez une ligne au niveau de votre score. Faites de même pour les sept colonnes. Noircissez alors les colonnes et vous obtiendrez votre graphique de motivation. Il devrait ressembler à celui dessiné ci-dessous.

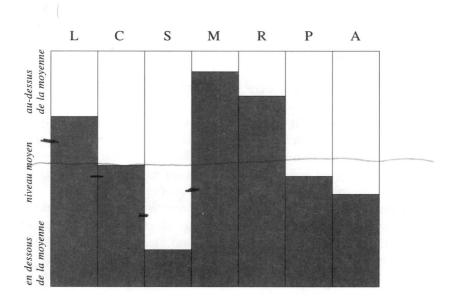

Votre graphe de motivation

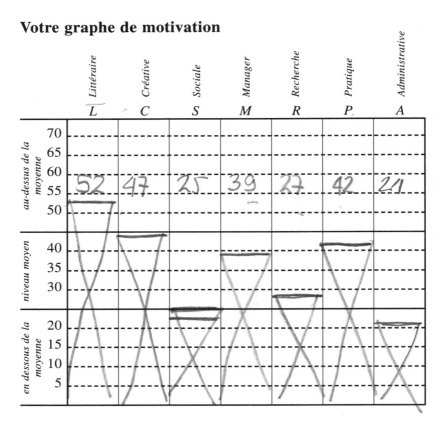

Interprétation de vos résultats

Ce graphique devrait vous fournir un système de préférences qui va des domaines qui vous attirent le plus à ceux qui vous plaisent le moins. Nous ne pouvons que vous suggérer de vous engager dans les domaines qui vous motivent le plus et de négliger les autres.

Examinez vos scores les plus élevés et les moins élevés.

La plupart des gens obtiennent des scores qui se situent au-dessus ou en dessous de la moyenne. Si vous obtenez un résultat proche du niveau moyen, cela signifie que vous êtes plutôt indifférent par rapport à la sphère d'activité concernée.

Pour la plupart des individus, un score supérieur à 48 suggère une motivation forte et, bien sûr, plus le score est élevé, plus la motivation est forte pour le domaine en question. Inversement, un score inférieur à 24 indiquera un type d'activité qui ne vous attire vraiment pas. A moins que vous ne souhaitiez en savoir plus sur ce qu'implique un travail dans ce domaine, vous devriez éviter ce secteur professionnel. Vous vous êtes peut-être demandé pourquoi le questionnaire est proposé en deux parties. La première partie était basée sur une série de titres de professions qui pourraient vous attirer, et la seconde partie présentait des activités associées à ces professions. Plus les scores obtenus sont proches pour les deux parties, et plus votre motivation apparaît clairement. Si des différences importantes entre les scores des deux questionnaires apparaissent, cela signifie que vous ne percevez pas bien ce qu'impliquent les professions en question. Une différence qui ne dépasse pas 10 points n'est pas importante, mais une différence plus grande indique que votre motivation ne sera plus la même une fois que vous en saurez plus long à propos des emplois qui entrent dans la catégorie concernée. Si de faibles différences apparaissent dans vos différents résultats – c'est-à-dire des différences qui ne sont pas clairement établies – cela signifie que (a) vous ne vous connaissez pas bien, que (b) vous ne savez pas ce qu'impliquent les différents types d'emplois proposés, ou que (c) vous possédez des talents multiples mais que vous ne savez que faire face à de telles opportunités, ou encore que (d) rien ne vous attire vraiment! Pour toutes ces possibilités, le test de la personnalité vous aidera à préciser ce qui vous motiverait si vous étiez conscient de votre potentiel.

Que se passe-t-il si les résultats du test de motivation indiquent que vous n'appréciez pas la carrière dans laquelle vous êtes actuellement engagé? Vous occupez actuellement la fonction d'homme d'affaire, par exemple, et les résultats indiquent que vous désirez en fait être un artiste (refrain bien connu). Allez-vous tout abandonner pour vous lancer dans une nouvelle carrière? Pas du tout. Le questionnaire donne des indications subtiles et les réponses sont parfois plus des directions à suivre que des impératifs spécifiques. Dans notre exemple, cela ne signifie pas forcément que le travail que vous exercez actuellement n'est pas celui qui vous convient, mais plutôt que vous souhaiteriez avoir plus d'opportunités de réaliser des choses de votre propre chef, d'être plus créatif. Vous pouvez peut-être atteindre ces objectifs dans votre emploi actuel, en vous réorientant quelque peu. Ou peut-être devriez-vous vraiment opérer un changement radical de carrière.

Certaines personnes se retrouvent avec un domaine de motivation beaucoup plus important que les autres: cela rend l'interprétation relativement simple. D'autres ont deux ou trois domaines privilégiés, ce qui rend leur combinaison au sein d'une carrière beaucoup plus difficile. En fait, si trois domaines de motivation apparaissent, il serait utile de consulter un conseiller en orientation professionnelle pour vous aider à tirer les conclusions de ces résultats. Prenez du temps pour réfléchir à vos résultats et vous poser un certain nombre de questions: "Que puis-je faire qui soit en rapport avec..., mais qui ne relève pas du domaine de..., et qui me permette de faire...?"

Les pages qui suivent présentent de larges domaines de motivations professionnelles, ainsi qu'une liste d'emplois correspondants. Pour chaque domaine, on trouve des carrières très diverses. Par exemple, dans le domaine "Pratique", vous trouverez aussi bien la profession de garde forestier que celle de serrurier. La première implique un travail au-dehors, assez physique; la deuxième consiste plutôt en un travail fait à l'intérieur et plus technique. Regardez d'abord les sept domaines généraux de motivation, et vous pourrez ensuite prendre en compte les différents emplois, afin de voir ce qui vous attire ou pas dans chacun d'eux.

Nous nous centrons d'abord sur votre type de motivation le plus fort. Il est important de vous concentrer sur celui-ci, parce que c'est dans ce domaine que vous avez le plus de chances d'accumuler des réussites. Ensuite, nous regarderons quelles sont les combinaisons principales de motivations ainsi que les carrières qui s'y rapportent. Vous pourrez examiner trois ou même quatre domaines, après avoir situé vos motivations dans le tableau qui suit.

Domaines de motivation

	L	C	S	M	R	P	A
L	1						
C		2					
S			3				
M				4			
R					5		
P						6	
A							7

1. Littéraire

Vous êtes attiré par des carrières qui sont en relation avec la communication, les mots, les idées. Vous serez heureux en écrivant ou en lisant beaucoup. D'autres activités ou centres d'intérêt peuvent vous attirer, mais vous pouvez les garder pour vos temps libres. C'est dans une activité littéraire que vous voulez passer la majeure partie de votre temps. Vous avez probablement déjà une expérience et un passé dans ce type d'activité. Votre matière favorite à l'école était sans doute le français ou des domaines proches, tels que l'histoire. Vous avez probablement écrit quelques nouvelles à un moment ou à un autre, ou vous vous êtes essayé à la poésie. Les mots vous fascinent, vous aimez en connaître le sens et les utiliser de façon adéquate. Si vous n'avez pas jusqu'à présent été engagé dans une carrière littéraire, il est possible que votre motivation ait évolué. Il est peut-être temps de voir si vous avez du talent. Certaines personnes ont écrit leur premier roman à l'âge de la pension. En plus de carrières spécifiquement "littéraires", il existe d'autres carrières qui tournent autour de ce domaine et qui sont plus faciles à démarrer. Peu d'entre vous peuvent espérer devenir de grands poètes, mais vous pouvez espérer atteindre une certaine habileté orale ou écrite. Certaines carrières dans ce domaine reposent sur un talent exceptionnel – par exemple, auteur dramatique ou poète. Mais le succès tombe rarement du ciel: il demande de nombreuses années de pratique et une grande résistance à l'échec. D'autres carrières reposent plus sur des qualifications universitaires. Au niveau professionnel, un certain niveau d'études spécialisées est souvent requis. Si vous pouvez combiner votre motivation littéraire avec une autre motivation, vous trouverez des opportunités de carrières à tous les niveaux, en particulier dans des domaines administratifs. Il existe plus d'opportunités dans l'administration et la communication que dans la littérature proprement dite.

Carrières

acteur	interprète
correcteur	journaliste
critique littéraire	libraire
éditeur	professeur de langues
historien	romancier

2. Créative

Vous cherchez une carrière qui vous permette de vous exprimer au niveau créatif, mais pas tellement avec des mots, plutôt avec de la musique, le dessin ou toute autre forme d'art. La beauté et l'esthétisme sont vos passions.

Beaucoup de gens sont attirés pas des carrières dans ce domaine parce qu'elles paraissent excitantes. L'opportunité de pouvoir s'exprimer est un souhait universel, bien que peu de personnes puissent vivre de l'art – du moins dans ses formes les plus "pures". La discipline qu'il faut aujourd'hui posséder pour devenir un artiste et connaître le succès est tout autre, particulièrement lorsque le public que l'on souhaite toucher reste réticent à votre art! Avez-vous du talent? Les tests d'aptitudes sont moins parlants dans ce cas, parce que la réussite dépendra également du goût du public et de la mode plus que d'aptitudes spécifiques; il est donc difficile d'établir un test du potentiel créatif. Vous sentez peut-être que votre talent n'a pas été développé à l'école et que vous avez ensuite été obligé de le mettre de côté pour d'abord gagner votre vie. Il est probablement plus facile de commencer tardivement dans certains domaines artistiques, bien qu'il existe peu de règles dans ce domaine. La détermination et la foi en son talent sont des éléments indispensables. Il existe quelques opportunités pour ceux qui veulent vivre uniquement en proposant leur propre travail. Vous devez être prêt à sacrifier une partie de vos revenus financiers ainsi que votre sécurité au niveau matériel.

Vous trouverez plus de stabilité au sein d'une équipe d'illustrateurs, dans un orchestre ou dans un groupe de production au niveau de la télévision ou du théâtre.

Par exemple, vous pourriez mettre votre art en pratique dans des domaines tels que l'artisanat ou le social – en devenant enseignant. Si vous ne pouvez être heureux qu'en utilisant votre art dans une activité professionnelle, voici quelques possibilités qui s'ouvrent à vous.

Carrières

architecte	fleuriste
artiste	graveur
couturier	illustrateur
danseur	musicien
décorateur	orfèvre
architecte d'intérieur	sculpteur

3. Sociale

Aider et assister les autres sont vos centres d'intérêt principaux. Vous désirez les voir se développer. Vous êtes prêt à étouffer vos désirs et à les mettre au service des autres. Il ne s'agit pas simplement d'être avec les autres – il existe de nombreuses autres carrières qui vous apporteraient plus de contacts – mais de voir les besoins des autres satisfaits, devenir le produit final de votre travail.

Comment et selon quelles directions développez-vous des contacts avec les autres? Avez-vous une nature généreuse, trouvez-vous votre satisfaction dans le bénéfice que tirent les autres de votre attention? Ou êtes-vous quelqu'un de plus détaché qui souhaite faire quelque chose pour les autres mais sans trop s'impliquer?

Presque toutes les carrières dans le domaine social impliquent un investissement affectif. Si vos sentiments sont facilement heurtés, il serait préférable de ne pas vous engager dans ce type de travail. Celui-ci nécessite en effet d'avoir une forte personnalité et un caractère bien trempé.

Il semble préférable d'acquérir une certaine expérience avant de vous lancer dans une carrière de ce type. Vos années d'école étaient surtout centrées sur votre développement au niveau scolaire – et des formations plus centrées sur des services ou sur des aspects plus sociaux n'y avaient pas leur place, aussi importants qu'ils puissent être. Aimiez-vous faire du baby-sitting? Avez-vous été assistant lors d'un camp d'été, chef scout ou guide, visiteur de prison? Si c'est le cas, vous êtes sur la bonne voie. Il existe de nombreuses carrières dans le domaine du social: une bonne part des ressources nationales est attribuée à l'éducation, à la formation, à la santé et aux programmes sociaux.

Certains emplois demandent une formation poussée, ainsi que des compétences importantes: vous aurez besoin de diplômes professionnels pour travailler dans le domaine social, enseigner ou exercer des emplois dans lesquels votre responsabilité par rapport aux autres dépend directement de votre jugement. On attendra donc de vous que vous soyez très compétent.

Carrières

ambulancier	médecin
conseiller d'orientation	ostéopathe
éducateur	pédicure
infirmier	professeur
infirmier à domicile	psychologue
infirmier en milieu industriel	sage-femme

4. Manager

Vous êtes motivé par des activités qui vous permettent d'organiser le travail des autres et d'avoir de l'influence sur eux. Vous souhaitez avoir la responsabilité de diriger et de prendre des décisions à propos de ce qui doit être fait et de comment cela doit être fait. De telles responsabilités peuvent se trouver dans de nombreuses carrières, mais si ce type de motivation est un trait distinct de votre personnalité, vous êtes clairement ambitieux.

Il pourrait parfois vous arriver d'être arrogant et agressif afin d'obtenir ce que vous voulez. Si votre score de motivation est élevé, vous ne vous contenterez certainement pas d'une deuxième place. Vous souhaitez percevoir des résultats concrets à votre travail en atteignant le sommet.

Bien que notre système d'enseignement soit à la fois étendu et très structuré, les personnes qui suivent des carrières à un niveau de direction n'ont pas forcément des qualifications au niveau supérieur ou universitaire; le succès repose pour une bonne part sur des qualités difficiles à définir, telles que le flair et l'initiative. Avez-vous de l'expérience pour repérer les opportunités et les exploiter, en particulier pour accumuler des bénéfices financiers? Les personnes qui possèdent ce type de motivation n'attendent pas que les choses arrivent – elles les provoquent.

Vous avez n'importe quel type de passé et d'expérience: vous pouvez aussi bien être cadre dans un domaine créatif (l'industrie cinématographique, par exemple), que dans des domaines administratifs (les banques, pour ne donner qu'un exemple). La caractéristique principale de cette motivation, c'est la volonté de réussite, où que vous vous placiez.

Carrières

agent en import/export	directeur du marketing
agent politique	directeur du personnel
consultant commercial	directeur général
consultant en management	politicien
directeur commercial	

5. Recherche

Vous êtes prêt à consacrer une grande partie de votre temps à étudier. Les carrières qui vous attirent sont souvent celles qui nécessitent des qualifications universitaires, professionnelles ou spécifiques. Il est fort probable que vous soyez curieux et que vous vouliez savoir pourquoi les choses arrivent d'une certaine façon. Vous n'aimez pas deviner, vous aimez trouver des raisons. Vous voulez appliquer des faits et arriver à des solutions par la logique et l'investigation analytique. A l'école, vous préfériez les matières scientifiques, en particulier les mathématiques, la physique, la chimie et la biologie. Vous souhaitez résoudre des problèmes de façon objective et être capable de brasser un grand nombre d'informations pour en tirer des conclusions. Vous travaillez volontiers avec des formules. Beaucoup de personnes admirent ceux qui ont la rigueur intellectuelle requise pour faire de la recherche, et tout le monde ne possède pas la patience et la discipline pour y arriver. Ces carrières sont difficiles à entamer en tant que deuxième carrière: la formation requise fait généralement suite aux matières étudiées à l'école. Une nouvelle fois, les nécessités de formation sont telles qu'il est préférable de débuter dans ce domaine avant d'avoir d'autres responsabilités, familiales par exemple, qui rendent les études plus difficiles. Il semble également vrai que la plupart des chercheurs réalisent leurs plus importants travaux – ceux qui les font connaître – au début de leur carrière. La poursuite d'une carrière dans ce domaine fera inévitablement de vous un spécialiste. Il n'existe que peu d'opportunités pour des scientifiques moins spécialisés, bien que certaines personnes aient pu connaître la réussite en écrivant des livres de vulgarisation sur des sujets scientifiques. Généralement, vous devrez être capable de maintenir votre intérêt pour un domaine assez étroit de la science, et passer toute votre carrière dans la même institution, en travaillant pour le même employeur. Actuellement, il y a une grande demande de scientifiques et de technologues, bien que cela dépende des domaines. Comme dans beaucoup de domaines, les emplois au plus haut niveau font l'objet d'une grande compétition.

Carrières

astronome	laborantin
bactériologiste	mathématicien
botaniste	météorologiste
chimiste	microbiologiste
chirurgien	ophtalmologiste
diététicien	physicien
ergonome	psychologue
expert légiste	radiologue

6. Pratique

Vos résultats montrent que vous voulez réaliser des choses sur le plan pratique. Une carrière sédentaire ne vous attirera pas beaucoup: elle vous confinerait ou ne vous donnerait que peu d'occasions de réaliser ces choses. En fait, on trouve deux éléments forts dans une telle motivation, et il est possible d'en posséder un sans avoir l'autre et d'obtenir cependant un score élevé au questionnaire. Tout d'abord, vous voulez être impliqué personnellement dans ce qui se fait au niveau de votre travail: c'est un premier élément. Vous pouvez aussi souhaiter travailler avec vos mains, qu'il s'agisse d'un travail rude ou requérant de la précision. Dans les deux cas, vous aimez travailler avec des outils et construire des objets. Vous pouvez être intéressé par des activités techniques ou manuelles, qui peuvent parfois se retrouver dans des domaines artistiques. Bien que vous ne soyez pas véritablement un travailleur manuel, vous aimez être actif et mobile et vous tirez une certaine fierté de vos capacités physiques. Quelle est votre dextérité manuelle? Aimez-vous les détails complexes ou travailler sur une grande échelle? Aimez-vous façonner, couper ou mouler du bois ou de l'argile? Ou préférez-vous les machines et les outils?

Que votre intérêt vous porte vers les machines ou les matières premières, vers le travail manuel ou vers une activité qui vous permette de rester actif, vous trouverez de nombreuses opportunités à tous les niveaux. Certaines carrières ne sont possibles qu'après des années d'études, tandis que d'autres ne reposent que sur l'expérience et la dextérité manuelle. Un bon œil et une main sûre devraient vous suffire pour certaines d'entre elles, tandis que d'autres vous demanderaient également une maîtrise théorique.

Un domaine plus particulier, dans ce type de carrières, est celui qui oblige à travailler de façon plus solitaire: un garde forestier ou un chauffeur travaillent souvent seuls. D'autres carrières peuvent également vous demander des efforts de coordination avec d'autres personnes, au sein d'une équipe de travail. Un certain nombre d'emplois dans le bâtiment entrent dans cette catégorie.

Carrières

ajusteur	gardien de prison
boucher	gardien de zoo
charpentier	marin dans la marine marchande
chauffeur	mécanicien
contractuel	menuisier
cuisinier	mineur
entrepreneur	monteur
fabricant d'instruments	ouvrier
fermier	pêcheur
forgeron	plongeur
garde-chasse	pompier
garde forestier	serrurier

7. Administrative

Il s'agit d'un large domaine de motivation qui couvre le monde de la finance et des affaires ainsi que celui de l'administration et du travail de bureau. Il est en rapport avec le fonctionnement de sociétés, qu'elles soient privées ou publiques, et implique l'organisation des gens, des ressources et de l'information. Afin de réussir dans ce domaine, vous devez être ordonné et systématique, mais pas dans le même sens que le scientifique; votre but est de devenir un organisateur, un coordinateur et un conseiller dans un sens plutôt commercial. Les administrateurs savent "ce qui se passe" dans l'entreprise et ils font en sorte que l'information soit disponible pour ceux qui en ont besoin. Ils ne prennent que très rarement des décisions au niveau stratégique. Il est rare de pouvoir réussir dans une grande société sans avoir les qualifications et les diplômes nécessaires: les sociétés d'assurances font passer des examens sur leur matière, de même que les banques, etc. Il est possible de vous frayer un chemin dans une grande entreprise, mais il semble préférable d'acquérir au préalable la formation requise avant de se lancer dans une carrière professionnelle. Par exemple, des comptables professionnels ont été récemment désavantagés par rapport à des comptables diplômés, pour obtenir un poste. L'administration, en tant qu'activité, est en train d'évoluer puisqu'elle exige de plus en plus des qualités relationnelles (pour les personnes qui se trouvent "derrière le comptoir") ou des compétences particulières (par exemple en informatique). Cependant, les motivations principales sont les mêmes que pour une carrière dans le monde juridique, de la finance ou du commerce. Des postes élevés dans l'administration impliquent la capacité de gérer de grandes organisations, il existe beaucoup de possibilités dans les banques, les compagnies d'assurances ou dans le monde des affaires.

Carrières

actuaire	employé aux registres
administrateur	employé dans le domaine juridique
analyste des valeurs boursières	employé de banque
clerc	employé de bureau
commissaire aux comptes	expert-comptable
commissaire de bord	inspecteur des impôts
comptable	responsable des ressources humaines
économiste	secrétaire

Grille des combinaisons de motivations

Un score élevé au niveau de l'une des motivations vous indiquera dans quelle direction vous vous dirigez prioritairement, mais une ou deux motivations un peu moins fortes peuvent également vous donner des indications quant au type de carrières que vous devriez privilégier. Même si votre motivation est très claire, il est rare de trouver un emploi qui ne comprenne pas plusieurs éléments. C'est à ce niveau qu'il est plus difficile de faire coïncider vos motivations, mais cela peut être simplifié si vous adoptez l'approche structurée qui est celle de ce livre. Il ne faut donc pas seulement examiner une par une vos motivations, mais également les combiner entre elles. De cette façon, vous pourrez réfléchir aux différentes possibilités qui existent et ensuite les réduire jusqu'à obtenir celle qui vous convient le mieux.

Grille de motivations combinées

	L	C	S	M	R	P	A
L	1	52					
C	8	2	47				
S	14	9	3	25			
M	19	15	10	4	39		
R	23	20	16	11	5	27	
P	26	24	21	17	12	6	42
A	28	27	25	22	18	13	7

8. Créative et littéraire

Cette combinaison se rapporte à des carrières qui ont un contenu intellectuel. Vos centres d'intérêt se portent principalement vers les idées plutôt que vers les choses matérielles. Vous souhaiterez avoir un débouché au niveau de l'expression personnelle et pouvoir travailler dans un environnement imaginatif ou créatif. Cela n'implique pas forcément un rejet de la réalité, mais plutôt un investissement dans un travail principalement exécuté au niveau intellectuel. En fait, les carrières dans ce domaine peuvent aller du travail purement intellectuel au travail dans les médias ce qui vous amènera plus souvent à descendre sur le terrain. La direction que vous prendrez dépendra de la tendance de votre motivation.

Carrières
acteur   copywriter publicitaire
assistant de production pour la TV   critique de cinéma

9. Sociale et créative

Cette combinaison ajoute à une sensibilité pour les arts le souci des relations avec les autres. Un travail dans ce domaine demande de la patience, du tact et un tempérament chaleureux. Les carrières qui impliquent cette combinaison placeront l'exigence sociale au second plan: elle est plus utilisée comme un moyen que comme un but. Il n'existe que peu d'opportunités et celles-ci ne sont pas très bien rémunérées. En fait, il s'agit surtout d'emplois à mi-temps, voire de bénévolat. Une bonne dose d'altruisme et de désintéressement vous sera nécessaire, de même que des capacités organisationnelles. Par contre, des motivations au niveau exécutif ou administratif seront moins importantes. Une motivation pour les réalisations pratiques sera, en revanche, appréciée. Ces emplois conviendront surtout à des personnes qui souhaitent mettre leurs aptitudes au service des autres. Cela peut être l'aide apportée à des personnes qui souffrent de handicaps, tant physiques que mentaux, mais également dans les domaines de l'éducation et de la thérapie.

Carrières

ergothérapeute   thérapeute par l'art

10. Sociale et manager

Si vous obtenez cette combinaison, vous avez certainement besoin de travailler avec les gens. Votre emploi ne consistera probablement pas à aider les gens, mais sera plus dans des domaines tels que l'administration ou les affaires. Vous préférerez sans doute le secteur privé au secteur public, bien que ce ne soit pas toujours le cas. Votre engouement pour le travail qui se fait pour et par les individus sera d'autant plus marqué si, dans le même temps, vous rejetez des emplois qui impliquent de travailler avec du matériel, des objets ou des nombres. Ceux qui possèdent cette combinaison devraient avoir des facilités au niveau de la sociabilité, et les ont le plus souvent. Soyez attentif à ce que ces motivations n'apparaissent pas seulement parce que vous souhaiteriez avoir des talents que vous ne possédez pas réellement! Les carrières dans ce domaine sont souvent réservées aux personnes qui ont un passé dans un service social mais qui souhaitent avoir plus d'influence et qui aiment organiser et gérer.

Carrières

commerçant   directeur d'un foyer
directeur d'école   entrepreneur en pompes funèbres
directeur d'hôtel

11. Manager et recherche

Il s'agit d'une combinaison de préférences peu fréquente qui, généralement, s'excluent mutuellement. C'est l'association entre des motivations au niveau de la recherche et au niveau commercial qui paraît étrange. Si vous avez suivi une carrière dans la recherche, vous avez entrepris des études en négligeant la notion de profit financier ou autre conception de ce genre. La plupart des carrières dans la recherche consistent en la production d'informations de toutes sortes. Elles constituent par conséquent un "fond" d'expertise qui peut être utilisé au niveau commercial par ceux dont les motivations sont fondamentalement différentes. La commercialisation de la science est coûteuse; il n'existe que peu d'opportunités de démarrer par vous-même.

Récemment, on a vu un accroissement des possibilités en relation avec l'informatique, un domaine qui permet encore de démarrer avec des coûts relativement réduits. Cependant, il est plus difficile de créer une société en relation avec des domaines plus traditionnels de la science. L'un des problèmes est d'arriver à faire le lien entre le monde des affaires et un arrière-plan technique et scientifique: si vous avez ces deux motivations, vous êtes une personne de grande valeur!

Carrières

chimiste	opticien
délégué médical	représentant technico-commercial
directeur d'un centre de recherches	vétérinaire

12. Recherche et pratique

Si vous vous trouvez dans cette catégorie, vous aimez la science, mais au niveau de ses applications. La recherche n'est pour vous que de la théorie pure qui relève du domaine de l'abstraction, à moins qu'elle ne puisse déboucher sur des applications pratiques. Vous pourriez très bien travailler avec des gens, dans le monde des affaires, mais vous êtes plus intéressé par un travail en rapport avec des équipements et des technologies. Vous êtes un scientifique, mais vous aimez en même temps un travail plus manuel. Vous aimez voir les choses se réaliser, produire des choses concrètes et obtenir des résultats. Vous pouvez également avoir une préférence pour l'action – vous aimez aller sur le terrain et voir les applications pratiques de la science en action.

Dans ce cas-ci, il existe très peu de carrières qui n'exigent aucun statut professionnel ou niveau d'étude.

Carrières

agriculteur	ingénieur
ergonome	ingénieur bio-médical
géologue	métallurgiste
géomètre	technicien

13. Pratique et administrative

Est-il possible d'être en même temps actif et d'effectuer un travail de bureau? Les carrières qui sont normalement considérées comme sédentaires semblent incompatibles avec celles qui concernent, par exemple, la manutention de matériaux et d'équipements. Généralement, cette situation résulte d'une "négociation" entre l'employeur et l'employé, ce dernier passant 50% de son temps à pratiquer chacune de ces deux tâches.

Dans la plupart des cas, vous vous rendrez d'abord sur le terrain pour effectuer votre travail, avant de retourner à votre bureau pour y rédiger un rapport. Souvent, les personnes qui sont dans cette situation considèrent le travail administratif comme un mal nécessaire, parce qu'elles sont plus attirées par les composantes pratiques et actives de leur emploi.

Carrières

agent de la sécurité	directeur de production
chef magasinier	mécanicien machiniste
commissaire de police	secrétaire agricole

14. Littéraire et sociale

Cette combinaison indique le désir d'une carrière qui offre à la fois l'opportunité d'aider les autres et une certaine implication au niveau des idées. Il peut s'agir de transmettre des idées aux autres, dans le but de les éclairer ou de les encourager à communiquer et à s'exprimer. La plupart des emplois sont en relation avec l'enseignement et requièrent généralement des compétences en langues, au niveau écrit et oral. L'accent peut être mis sur la composante littéraire ou sociale, selon le type de travail: l'art ou la littérature peut être l'élément principal qui définira le type de demande sociale. Alternativement, une langue ou tout autre sujet s'en approchant peut être utilisé comme aide pour développer les capacités mentales et émotionnelles des individus, comme c'est le cas dans certaines formes de thérapies et d'enseignements.

Carrières

interviewer
orthophoniste

professeur de langues
responsable de formation

15. Créative et manager

Vous voulez travailler dans un domaine artistique, mais également rentabiliser votre travail au niveau financier? Il semble que votre vie sera variée et excitante, quels que soient vos valeurs et idéaux. Vous êtes à la recherche d'un environnement stimulant qui vous permettra de vous exprimer, mais vous êtes également à la recherche de signes extérieurs d'un certain succès matériel. Vous aimez l'expression élaborée des idées, même si elles ne sont que temporaires. Vous vous sentez concerné par la nouveauté. Vous êtes un "battant" et aimez prendre des risques. Vous rejetez les activités routinières et vous voulez prendre vous-même vos propres décisions sur les points importants.

Les gens qui possèdent ce type de motivation sont souvent entêtés et préfèrent laisser les détails, les faits concrets et les chiffres aux autres. Ils se considèrent souvent comme les "initiateurs" d'un projet et laissent aux autres le soin de les peaufiner. Il est probable que vous ayez de l'inspiration et vous serez souvent capable de persuader les autres; vous aimez avoir de l'influence et convertir les autres à vos propres idées.

Carrières

acheteur dans le prêt-à-porter
directeur d'agence publicitaire
directeur du marketing

marchand d'objets d'art
responsable des relations
   publiques

16. Sociale et recherche

Mettre une connaissance scientifique et technique au service des individus, voilà ce qui vous intéresse. Bien que vous ayez de nombreux contacts avec les gens, votre expertise vous maintiendra dans une position assez détachée, et votre rôle sera souvent celui d'un conseiller. L'assistance que vous apporterez aux autres sera le plus souvent matérielle et informationnelle plutôt que qualitative, et ne vous demandera pas une grande implication au niveau émotionnel. Vous devrez développer certains talents, tels que le tact et la compréhension, bien que vous ne serez pas continuellement impliqué au niveau humain.

Vous rencontrerez un certain succès au niveau d'un travail plus analytique ou comportant des statistiques, mais vous ne pourrez pas vous contenter d'un emploi qui ne soit qu'un travail de recherche pure.

Carrières

chercheur en sciences humaines	orthopédiste
dentiste	professeur de sciences
infirmier	psychologue
médecin	radiologue

17. Manager et pratique

Vous voulez travailler dans les domaines administratifs et commerciaux, mais sans être enfermé dans un bureau. Bien qu'on ne puisse éviter totalement les tâches administratives, vous ne serez pas confiné derrière un bureau. Il existe un certain nombre d'activités en rapport avec les produits agricoles et la terre, mais aussi avec des équipements et des biens immobiliers, qui peuvent bien vous convenir.

Vous pourriez aussi occuper un poste de cadre dans une entreprise telle qu'une agence immobilière, ou bien gérer une entreprise individuelle dont vous seriez "l'homme-orchestre". Vous ne devez pas penser à embrasser ce type de carrière si vous n'êtes pas prêt à toucher à tout, à solutionner vous-même beaucoup de problèmes. Vous devez être entreprenant et être à même de reconnaître la valeur des marchandises et des équipements.

Carrières

agent immobilier	directeur de la production
commissaire-priseur	entrepreneur
démonstrateur	responsable des transports

18. Recherche et administrative

Cette combinaison vous impliquera dans les faits et les chiffres. Votre approche pour résoudre des problèmes sera systématique et logique. Cela apparaît encore plus clairement si votre test indique une motivation faible en ce qui concerne des domaines plus intuitifs ou qui impliquent des relations avec les autres. Vous voulez principalement appliquer des méthodes analytiques au sein d'un environnement administratif ou commercial. Vous êtes particulièrement bien placé dans la course à l'emploi. On remarque en effet que les systèmes de gestion et d'organisation du travail de bureau ont pris une grande importance. Le technologue semble dépasser son rôle conventionnel.

Par exemple, au niveau des banques, les experts en informatique obtiennent à présent des postes à responsabilité pour lesquels, il y a quelques années, une expérience dans le domaine bancaire aurait pu suffire.

Si vous avez un esprit entreprenant, alors vous devriez penser à vous lancer dans l'informatique: la demande y est actuellement forte. Si vous avez également un penchant vers le "social", recherchez des opportunités au niveau des organismes qui mettent sur pied des formations.

Carrières

analyste boursier	économiste
analyste financier	programmeur
analyste-programmeur	statisticien

19. Littéraire et manager

Vous combinez un intérêt pour les idées et la communication, avec la volonté de les mettre en pratique dans le monde des affaires. Vous pouvez également avoir un intérêt particulier pour les livres, ou, du moins, pour les mots, au niveau de l'écrit et de l'oral. Vous avez peut-être vous-même la passion de l'écriture, et votre production sera dans ce cas très certainement appréciée. Il est assez difficile de faire carrière dans ce domaine sans avoir une certaine expérience des moyens de communication, ce qui implique également d'avoir suivi des études au niveau supérieur ou universitaire. Vous avez sans doute étudié la littérature, les langues, l'histoire, le droit ou des domaines proches. Les carrières qui vous attirent sont très compétitives et requièrent des facultés intellectuelles poussées et un esprit entreprenant. Parfois, ces motivations se retrouvent chez des personnes qui sont plus tournées vers l'administration, ce qui les amènera à se diriger vers des postes d'organisation au niveau des entreprises. Si, par contre, vous avez un esprit plus créatif, tournez-vous vers des domaines qui feront appel à toutes vos aptitudes.

Carrières

agent littéraire	responsable des relations publiques
rédacteur en chef	producteur TV ou radio
responsable de conférences	

20. Créative et recherche

Vous ne parviendrez pas à réaliser cette combinaison de motivations si vous n'avez pas de bonnes aptitudes et une solide formation. Vous désirez combiner ces deux motivations dans votre carrière, ce qui fait de vous quelqu'un d'à part: en effet celles-ci s'excluent souvent l'une l'autre. Cependant, l'art peut se rapprocher de la technique – dans le domaine du dessin industriel par exemple, ou dans d'autres opérations de fabrication. Beaucoup d'artistes qui sont employés dans la restauration de peintures doivent posséder une certaine connaissance des produits chimiques et de la physique.

Carrières

cartographe

designer

dessinateur industriel

éclairagiste

illustrateur médical

photographe

restaurateur (de tableaux, etc.)

21. Sociale et pratique

Vous vous intéressez aux gens et vous voulez faire quelque chose pour eux qui soit pratique et donne des résultats concrets. L'environnement dans lequel vous vous trouvez, ainsi que vos aptitudes vous permettent d'être actif. Votre motivation est encore plus affirmée si vous rejetez des travaux de type administratif ou qui vous "lieraient" trop à un bureau. Vous pouvez être un bon organisateur, mais vous aimez mettre les choses à exécution et les voir se réaliser: votre talent au niveau de l'organisation pratique est contrebalancé par votre manque d'aptitude en ce qui concerne la paperasserie. La composante humaine de ce type de travail est variable: elle peut aller du domaine de l'éducation et de la formation, à celui de la thérapie. Mais, au bout du compte, c'est surtout un intérêt pour les autres, plus que pour l'activité poursuivie en elle-même qui vous motivera et vous permettra de réussir.

Carrières

agent de police

coiffeur

entraîneur sportif

gardien de prison

masseur

thérapeute

22. Manager et administrative

Réussir dans ce domaine implique souvent d'avoir une certaine expérience dans une banque, une compagnie d'assurances, une administration ou une entreprise commerciale. Vos aptitudes seront plus prises en compte que dans un emploi purement administratif, puisqu'on vous demandera de prendre des décisions au niveau de la gestion. Si vous combinez ces motivations, vous êtes tout à fait à même de réussir dans le monde commercial. Il est possible que des domaines artistiques ou plus sociaux ne vous préoccupent pas autant. Vous souhaitez plus avoir affaire au "monde réel". Le succès dépendra largement de vos efforts, mais les capacités que vous avez vous aideront à aller où vous le souhaitez – ce qui pourrait bien être, dans votre cas, au plus haut niveau. Votre connaissance technique et votre passé professionnel feront de vous un élément clé au sein d'une entreprise.

Vous appréhendez le management d'un point de vue fonctionnel. Cependant, vous avez tendance à prendre vos décisions en vous basant sur les chiffes, et le côté commercial vous préoccupe plus que les éléments qui sont en rapport avec le monde extérieur à l'entreprise.

Carrières

administrateur commercial	délégué syndical
agent d'assurances	directeur d'hôtel
agent immobilier	directeur de banque
chef comptable	directeur du personnel
courtier	expert comptable

23. Littéraire et recherche

Vous devriez pouvoir combiner ces deux motivations dans une carrière qui mêle la science et les lettres. Dans ce cas, vous êtes vraisemblablement très qualifié: vous serez l'un des rares élus à être hautement spécialisé et pour qui il existe des opportunités de carrières. La plupart de celles-ci se trouveront dans le monde universitaire ou pédagogique. D'autres aptitudes plus personnelles vous seront nécessaires si vous souhaitez présenter votre travail aux autres, en tant que conférencier ou formateur.

Carrières

archéologue	journaliste scientifique
anthropologue	journaliste technique
informaticien	

24. Créative et pratique

Ces motivations s'accordent mieux entre elles que beaucoup d'autres. Vous appréciez les arts appliqués qui permettent de mettre en pratique l'esthétique et la beauté. Il peut s'agir, entre autres, de carrières dans le domaine de la décoration ou dans certaines étapes de la fabrication d'objets. Vos centres d'intérêt se rapprochent de ceux d'un artiste, mais vous vous en distinguez par votre attachement pour les réalisations pratiques et utilitaires. Les activités qui vous intéressent sont souvent réalisées de façon isolée ou au sein d'un groupe qui partage un même objectif. Vous n'avez pas le sens des éléments sociaux ou matériels, ce qui vous amène à rejeter les domaines commerciaux. Vous pouvez occasionnellement combiner votre motivation avec l'enseignement. Il n'existe pas vraiment d'é-volution-type dans ce domaine et votre réussite dépendra surtout de vos aptitudes et du style de vie dont vous pourriez vous satisfaire.

Carrières

brodeur	encadreur
caméraman	habilleur
créateur de bijoux	jardinier
designer de mode	pâtissier
ébéniste	potier
embaumeur	relieur

25. Sociale et administrative

Un travail qui vous permet d'aider les autres vous attire, mais vous souhaitez plutôt être celui qui va rassembler les éléments qui rendront ce résultat possible. Bien que vous ayez vous-même un tempérament porté vers les autres, vous préférez organiser plutôt que de vous impliquer directement. Vous êtes souvent responsable des ressources, et vous aidez ceux qui se trouvent en "première ligne": les enseignants ou les assistants sociaux par exemple. Vous souhaitez travailler dans une organisation qui apporte une aide aux gens. Dans ce type de travail, il est rare que l'on puisse satisfaire pleinement toutes les demandes, et vous devrez vous faire à l'idée que vous ne pourrez pas toujours apporter votre aide personnellement: vous ne pourrez vous engager qu'au niveau de ce qui est légalement ou contractuellement possible. Cependant, les cas où un jugement personnel est nécessaire sont nombreux, et vous serez alors satisfait de pouvoir appliquer les règles du système au profit des autres.

Carrières
employé au service du personnel   secrétaire médicale
infirmière en chef

26. Littéraire et pratique

Ces deux motivations ne se combinent pas facilement au sein d'une carrière: lorsqu'on y pense, il est difficile de comprendre comment l'écriture, plutôt sédentaire, peut se combiner avec un poste actif. Vous devez mettre fin à l'une des deux activités pour pouvoir commencer l'autre. Vous arriverez peut-être à concilier ces deux motivations en vous lançant dans deux carrières distinctes. Sinon, la solution serait d'en réserver une pour vos temps libres – quant à savoir laquelle, cela dépendra de votre préférence. Si vous souhaitez à tout prix combiner ces deux motivations, vous devrez probablement d'abord vous diriger vers l'une des deux avant d'essayer d'intégrer progressivement l'autre à votre emploi. Par exemple, un secrétaire agricole fait le même travail que les autres secrétaires, mais il est plus actif que ces derniers, il va plus souvent sur le terrain; un imprimeur fait un travail mécanique et de plus en plus technique, alors que le produit final est composé de mots (bien qu'il ne doive pas forcément être un "littéraire" pour cela).

Carrières
imprimeur   secrétaire agricole
journaliste technique

27. Créative et administrative

Vous êtes créatif mais vous devrez également être un bon organisateur et être au courant des coûts pour faire votre travail efficacement; vous avez peut-être un passé professionnel dans un bureau, mais vous souhaitez y ajouter une activité créative. Votre travail sera plutôt de supporter et de seconder le travail des autres, mais on peut également vous demander de prendre un rôle de leader. Un chef cuisinier, par exemple, doit pouvoir assumer ce rôle.

Carrières

administrateur d'un théâtre	chef cuisinier
assistant chorégraphe	employé dans un bureau de location
assistant dans un studio	

28. Littéraire et administrative

Cette combinaison vous ouvre les portes de nombreuses carrières. Elle se rapporte souvent à des domaines où la communication est importante et où l'accent est mis sur les chiffres. Ces carrières sont prisées par les personnes qui ont un passé scolaire ou professionnel plus littéraire, mais qui trouvent que le milieu des affaires leur apportera plus de satisfactions. De même, les personnes qui ont un passé plus "administratif" trouveront dans cet élément littéraire de nouvelles opportunités.

Les carrières possibles vont de la fonction publique au secteur privé en passant par les médias. Les possibilités sont très variées, et vous devriez examiner vos autres motivations afin d'affiner la connaissance que vous avez de vous-même et de ce qui vous intéresse plus particulièrement.

Carrières

assistant-bibliothécaire	réceptionniste
cadre dans l'administration	responsable de conférences
conseiller juridique	secrétaire
employé dans un cabinet d'avocats	

155

Chapitre 5

Bilan 2: Qui vais-je devenir?

Les aptitudes, la personnalité et la motivation doivent être considérées ensemble. Il serait peu sage de vous lancer dans la direction qui correspond à ce que vous désirez le plus, sans tenir compte de vos compétences et de votre personnalité. Cela n'aurait pas de sens d'entreprendre une carrière qui vous offre un défi intellectuel à court terme, si votre personnalité est celle de quelqu'un qui aime travailler et avoir des contacts avec d'autres personnes. Ce livre vous a fourni trois schémas pour vous analyser vous-même et en tirer des conclusions à propos de votre carrière; il est temps à présent de rassembler ces trois schémas afin de constituer un plan d'action réaliste. Il peut y avoir des contradictions dans ces trois schémas: elles devront être résolues, et votre propre situation peut impliquer la mise en place de compromis. Par exemple, que faudra-t-il faire lorsque votre talent intellectuel est le plus développé en ce qui concerne les nombres, mais que votre motivation pour un travail administratif ou de recherche est faible? Comment faire si vous souhaitez devenir plongeur et que les aptitudes requises vous font défaut? Ou si vous souhaitez un travail de terrain, mais que votre expérience durant ces 20 dernières années s'est faite dans une banque? Peu importe ce que sont ces circonstances particulières et la façon dont se sont forgées vos capacités, votre personnalité et vos motivations: l'approche structurée qui est celle de ce livre devrait vous guider le plus logiquement possible vers la carrière qui vous convient.

Nous avons découvert un principe fondamental: utilisez vos compétences au maximum de leurs possibilités. En général, plus vous faites ce que vous désirez faire et ce que vous savez faire, plus vous serez heureux et respectueux de vous-même.

Cas numéro 1: l'ex-enseignante

Amanda a 37 ans. Elle a été enseignante, mais a quitté son emploi pour élever ses enfants. Elle est à présent divorcée et se retrouve en face de responsabilités importantes vis-à-vis de sa famille: l'un de ses enfants est en secondaire, l'autre en primaire.
Bien qu'elle ait travaillé pendant plusieurs années comme enseignante avant d'avoir ses enfants, elle ne souhaite pas reprendre ce métier. Elle estimait cependant être un bon professeur, mais les exigences actuelles de ce métier la dirigeraient trop vers un travail social qu'elle pense ne pas pouvoir faire.
Le tableau suivant présente un résumé des aptitudes, de la personnalité et de la motivation d'Amanda.

	le moins adéquat	*le plus adéquat*
Aptitudes	technique	analytique numérique
Personnalité	autoritaire	rationnelle grégaire
Motivation	manager	administrative sociale recherche

Amanda ne fut pas surprise de constater qu'elle avait bien réussi les tests numériques et analytiques: elle avait suivi un parcours scientifique à l'école et était en fait professeur de biologie. Ce sont les résultats du test de motivation, indiquant une forte préférence pour le travail administratif, qui l'ont incitée à laisser les sciences de côté et à se diriger vers des emplois dans le secteur administratif ou dans un bureau.
Elle aura toujours des contacts avec les gens, mais elle cherche à

éviter le monde des affaires où elle devrait se montrer elle-même persuasive ou "se vendre". La qualité des contacts qu'elle souhaite avoir est indiquée par le test de personnalité. Cela correspond à ce qu'elle pense d'elle-même: elle préfère s'intégrer à un groupe plutôt que de devoir prendre les autres en charge.

Elle pense avoir une personnalité rationnelle, et c'est probablement ce trait qui explique son attirance pour un travail administratif. Bien qu'elle ait également certaines motivations pour les domaines scientifiques, elle pense que son attirance pour ces domaines tient surtout au fait qu'ils permettent de travailler logiquement et de façon systématique – ce qui est également possible dans un travail administratif ou dans l'informatique.

Amanda a obtenu un travail dans un bureau au sein du département de comptabilité et, un an plus tard, elle a commencé des cours de comptabilité afin d'obtenir les qualifications nécessaires pour réussir pleinement cette seconde carrière.

Cas numéro 2: l'ingénieur

Alain est diplômé en électronique et en mécanique. Il était responsable d'une équipe dans une grande entreprise internationale, où il s'occupait d'analyses qualitatives et d'études en relation avec la production. Bien que, dans le passé, son travail ait été intéressant et sa valeur reconnue par la société, il sent qu'il ne pourra plus progresser sans changer de poste. En fait, et bien qu'il soit toujours attiré par les domaines technologiques, il souhaiterait pouvoir intervenir plus au niveau du développement des produits.

De plus, il aimerait avoir plus de contacts avec les clients: il apprécie les quelques contacts qu'il a eus avec ceux-ci en tant qu'expert technique.

Il a envisagé de quitter la société pour laquelle il travaille, afin de chercher un autre emploi qui lui convienne mieux, mais sa femme s'est montrée inquiète des conséquences d'un déménagement sur l'éducation des enfants et sur leurs finances (ils venaient de contracter une importante hypothèque).

	le moins adéquat	*le plus adéquat*
Aptitudes	acuité	technique analytique
Personnalité		rationnelle grégaire
Motivation	sociale créative	manager recherche administrative

Alain est intéressé de constater que sa personnalité est plutôt orien- tée vers le travail en groupe. Il aime ce type de contacts et a été ca- pable de conseiller à plusieurs reprises des personnes qui sont ve- nues le voir pour parler de leurs difficultés personnelles. Il aime les rencontres en groupe, mais, jusqu'à présent, il a surtout eu l'occa- sion de faire de telles rencontres en dehors de son travail. Il se de- mande actuellement si c'est le manque d'opportunités dans son tra- vail qui provoque la frustration ressentie. Une autre raison à cette frustration est apparue lorsque le test a révélé qu'il présentait égale- ment une personnalité persuasive, et qu'il était intéressé par un tra- vail administratif, en plus de son intérêt pour la science qu'il connaissait déjà. Cela montre qu'il souhaitait avoir plus de respon- sabilités en ce qui concerne les décisions à prendre. Cet intérêt pour un travail administratif l'inclinerait à se diriger vers une fonction plus commerciale que purement technique. Il était donc évident qu'il souhaitait changer de poste tout en restant dans son entreprise, bien que le manque de motivations au niveau créatif indiquait qu'un changement radical d'orientation – pour se diriger vers le marketing ou les relations publiques – n'était pas souhaitable. Il a réussi à persuader sa société de lui donner un nouveau poste, au ni- veau des services techniques. Cela lui permet de mettre ses connaissances en application, et d'acquérir une expérience tout en rencontrant les clients. Ce travail demande de nouvelles compéten-ces qu'il n'avait jamais utilisées, mais qu'il possédait déjà. Il s'est rendu compte qu'il pouvait faire évoluer sa carrière et relever de nouveaux défis. Après une période pendant laquelle on aurait pu croire que sa carrière était en train de stagner, il a obtenu un poste de manager.

Cas numéro 3: le professeur

Jacques a obtenu un diplôme en mathématiques pures. Il se sentait intellectuellement stimulé à l'université, qu'il appréciait sous tous ses aspects, y compris au niveau des contacts humains. Il ne faisait pas seulement partie d'un club sportif, mais prenait également part à des groupes de rencontres entre étudiants et faisait partie du co-mité des étudiants. Il ne savait pas trop vers quelle carrière se diri-ger, bien qu'on lui ait proposé un poste de chercheur à l'université, qui lui donnerait un salaire mais également la possibilité d'acquérir un nouveau diplôme. Cependant, il avait le sentiment d'être resté trop longtemps un étudiant, et souhaitait se lancer dans le "monde réel". Mais, il ne voyait aucune alternative crédible à cette carrière universitaire. Jusqu'à ce qu'il teste ses aptitudes:

	le moins adéquat	le plus adéquat
Aptitudes	acuité technique	analytique numérique verbale
Personnalité	sensible	énergique autoritaire grégaire
Motivation	recherche sociale	manager administrative créative

160

Les aptitudes de Jacques étaient bonnes mais il ne voyait pas comment utiliser son aptitude verbale en restant dans le monde universitaire, à moins de devenir enseignant ou écrivain. Il ressentait le besoin d'une coupure avec l'environnement universitaire, et pensait que cette aptitude verbale lui ouvrirait les portes d'un emploi pour lequel la communication et les rencontres avec les gens joueraient un rôle important. Les résultats du test de la personnalité montrèrent qu'il était de type autoritaire, énergique et tourné vers le travail de groupe. Cela renforça son idée que l'université lui offrirait sans doute une vie trop confinée. La preuve la plus flagrante vint de ses résultats au test de motivation: l'accent n'était pas mis sur les mathématiques ou la science, mais sur un travail qui lui permettrait d'être impliqué dans une organisation. Il semblait tout à fait évident que ses aspirations ne correspondaient pas du tout à ce que pourrait lui offrir la vie universitaire. En parcourant la liste des opportunités correspondant au résumé de sa personnalité, il fut fortement attiré par le marketing. Il se rappela qu'il avait songé à étudier l'économie plutôt que les mathématiques, ce qui aurait été plus en accord avec son intérêt pour la politique et le monde des affaires. En choisissant une carrière dans le marketing, il pourrait utiliser ses compétences numériques et analytiques, ce qui lui permettrait de travailler davantage avec d'autres personnes et de prendre des décisions dans un environnement commercial stimulant. Il décida de s'inscrire dans une école de commerce et de suivre des cours en gestion commerciale. Il entra ensuite dans une grande entreprise, ce qui lui permit d'acquérir de l'expérience, pour enfin rejoindre le département de marketing. Il espère devenir directeur du marketing dans une société assez importante, ou lancer sa propre affaire.

Cas numéro 4: l'assistante sociale

Marie était assistante sociale au sein d'une école pour personnes physiquement handicapées. Elle avait commencé à y travailler à mi-temps, tout en suivant ses cours et on lui avait offert un travail à temps plein à la fin de ses études. Elle n'avait pas les qualités requises pour devenir une assistante sociale qualifiée. Elle a 22 ans à présent, et commence à réfléchir à ses opportunités de carrière. Bien qu'elle apprécie son travail dans cette école, elle est de plus en plus irritée par le "système". Elle pense également que sa vie, en général, stagne: son travail implique des horaires peu compatibles avec une vie sociale.

En réalisant les tests, elle obtint les résultats suivants:

	le moins adéquat	le plus adéquat
Aptitudes	technique	numérique verbale
Personnalité	grégaire	énergique autoritaire
Motivation	littéraire recherche	sociale manager

Elle réussit les tests d'aptitudes mieux que prévu, mais pas assez bien cependant pour penser à entamer de nouvelles études. Elle obtint ses meilleurs résultats aux tests d'aptitudes numérique et verbale (elle reconnut avoir apprécié l'école, bien qu'elle n'y fût pas tellement appliquée).

Plus surprenants furent les résultats au test de personnalité. Elle s'est toujours considérée comme étant plutôt membre d'un groupe, possédant une personnalité assez placide.

Les résultats, cependant, suggérèrent plutôt une personnalité dynamique et autoritaire, ce qui explique sa difficulté à accepter l'approche parfois trop réglementée de son travail. Elle n'était pas non plus tellement attirée par le travail de groupe, sans être pour autant une solitaire. Cela correspond également à son sentiment de ne pas avoir de vie privée.

Le test de motivation indiqua que, bien qu'elle appréciait les contacts avec les gens, elle souhaitait également une activité plus commerciale qui lui permettrait d'adopter une approche plus persuasive et de pouvoir être confrontée directement aux résultats de son travail. Lorsque ses résultats furent combinés et que différentes opportunités furent envisagées, il fut évident pour Marie qu'elle devait se diriger vers un travail qui lui donnerait l'occasion d'être au service des autres, mais pour lequel elle aurait son mot à dire, et qui lui permettrait de mettre en valeur son dynamisme.

En étudiant les opportunités qui se présentaient dans son environnement, elle décida de s'orienter vers le commerce de détail, en s'intégrant dans un magasin de nourriture pour animaux de compagnie (un domaine qui l'intéressait depuis déjà plusieurs années).

Après six mois, le propriétaire avait suffisamment confiance en elle et en ses capacités professionnelles que pour lui confier la gérance du magasin.

Résumé des informations

Indiquez dans le tableau ci-dessous les éléments principaux qui sont apparus au cours des trois tests que vous avez réalisés.

	le moins adéquat	*le plus adéquat*
Aptitudes	numerique spatiale technique	verbale acuité analytique
Personnalité	grégaire	Energique Rationnel
Motivation	Manage Pratique	Litteraire créative

Qui suis-je actuellement?

Si j'évalue la satisfaction que j'éprouve actuellement pour ma carrière, voici comment je l'évaluerais:

faible |————+————+————+————+————+————| **extra-**
              0   1   2   3   4   5   6   7   **ordinaire**

Voici l'image que je me fais de moi-même:

_____

_____

_____

Quelles sont mes capacités?

_____

_____

_____

Ce que je ressens à mon propos:

_____

_____

_____

Les gens qui me connaissent disent de moi les choses suivantes:

_____

_____

_____

Je peux décrire les sentiments que j'éprouve à propos de mon occupation actuelle en ces termes:

_____

_____

_____

Carrières possibles telles qu'elles sont suggérées par mes résultats

Aptitudes

1. _____
2. _____
3. _____

Personnalité

1. _____
2. _____
3. _____

Motivations

1. _____
2. _____
3. _____

Carrières les plus appropriées (celles qui apparaissent le plus souvent ou qui sont privilégiées)

1. _____
2. _____
3. _____

Existe-t-il quelque chose qui peut m'empêcher de réussir dans la carrière que j'ai choisie?

1. Santé

_____

_____

2. Circonstances particulières

_____

_____

3. Diplômes requis que je ne possède pas

_____

_____

4. Âge/expérience

_____

_____

5. Engagements actuels

_____

_____

6. Risques

_____

_____

7. Autres

_____

_____

Réflexion

Écrivez une phrase en relation avec chacun des points précédents, en décrivant de quelle façon vous pourriez surmonter ces obstacles.

1. _____

_____

_____

2. _____

_____

_____

3. _____

_____

_____

4. _____

_____

_____

5. _____

_____

_____

6. _____

_____

_____

7. _____

_____

_____

Afin d'arriver à embrasser la carrière choisie, définissez d'abord quelles sont les actions à entreprendre dans l'immédiat. Refaites une deuxième liste des actions à entreprendre au cours des 6 prochains mois.

1. *Dans l'immédiat*

_____

_____

_____

_____

_____

_____

_____

2. *Les six prochains mois*

_____

_____

_____

_____

_____

_____

_____

Inscrivez le nom des personnes qui seront influencées ou affectées par vos décisions concernant votre plan de carrière. Décrivez ensuite de façon aussi exacte que possible ce qu'elles diront probablement.

Nom	Dira probablement que
1. _____	_____
_____	_____
_____	_____
2. _____	_____
_____	_____
_____	_____
3. _____	_____
_____	_____
_____	_____
4. _____	_____
_____	_____
_____	_____
5. _____	_____
_____	_____
_____	_____

QUI VAIS-JE DEVENIR?

Décrivez vos réactions à ce qui pourrait être dit par ces personnes.

1. _____

_____

_____

2. _____

_____

_____

3. _____

_____

_____

4. _____

_____

_____

5. _____

_____

_____

Comment serais-je dans un an?

Réfléchissez aux changements qui seront provoqués par votre nouvelle carrière, ou lorsque vous aurez progressé vers celle-ci. Quelle sera votre satisfaction?

faible ├──┼──┼──┼──┼──┼──┼──┤ **extra-**
      0   1   2   3   4   5   6   7 **ordinaire**

Voici de quoi j'aurai l'air:

_____

_____

_____

Voici mes compétences:

_____

_____

_____

Ce que je ressentirai à mon propos:

_____

_____

_____

Les gens que je connais diront de moi les choses suivantes:

_____

_____

_____

Je pourrai décrire mon occupation en ces termes:

_____

_____

_____

Chapitre 6

Index des carrières

A cette étape du livre, vous devriez avoir réalisé les différents tests et commencé à rassembler toutes les informations ainsi obtenues. A chaque étape, nous vous avons proposé des exemples de carrières. L'index des carrières vous offre une approche plus structurée qui vous permettra de confronter vos aptitudes avec celles qui sont généralement requises pour réussir dans ces différents emplois.

Le but est de faire le lien entre les aptitudes individuelles d'une personne et celles qui sont le plus utilisées dans la carrière choisie. Cela permettra à cette personne de développer et d'appliquer ses talents les plus manifestes. Il est évident que certaines carrières nécessitent d'avoir des dispositions particulières, de la même façon que chaque individu, avec ses motivations et sa personnalité, se dirigera vers une carrière déterminée plutôt que vers une autre. Cette idée de confrontation entre deux pôles est simple, mais elle est basée sur de nombreuses recherches qui ont permis d'affiner cette technique. Dans ce type d'ouvrage, nous ne pouvons parler de carrières ou de types d'emplois que de façon large, plutôt que de nous centrer sur des postes spécifiques. Une fois que vous aurez délimité votre champ de recherche, vous pourrez recueillir des informations plus détaillées auprès de professionnels, de bibliothèques et de centres d'information.

Vous devez également garder à l'esprit le fait que la nature d'un emploi ou d'une carrière se modifie au cours des années: le monde du travail est en constante évolution. Réussir dans un emploi dépend d'abord des capacités requises pour celui-ci, et ensuite d'autres facteurs qui dépassent le propos de ce livre. Cela peut concerner les difficultés éventuelles au niveau des relations avec vos supérieurs et collègues de travail, les problèmes dans l'environnement professionnel, mais aussi la chance (ex: un poste se libère au bon moment, etc.).

La liste qui suit et qui comprend plus de 300 types d'emplois n'est pas exhaustive, mais vous donne une bonne idée des possibilités existantes.

Comment utiliser l'index

Lorsque vous avez complété les tests et découvert vos points forts, vous avez noté que chaque description était accompagnée d'exemples de professions. La plupart de ces exemples se retrouvent dans cet index.

Lorsque vous en lirez les descriptions, vous aurez un aperçu clair des carrières qui pourraient vous convenir sur tous les points, et celles qui ne vous conviendraient que sur un ou deux points. Vous pourrez également apprécier le niveau des aptitudes requises. Dans certains cas, vous trouverez des indicateurs qui suggèrent que votre personnalité et vos motivations pourraient constituer un handicap, même si vous avez les compétences nécessaires. Cette analyse prend du temps, mais vous pourrez déjà délimiter des domaines professionnels adéquats. Vous devrez alors poursuivre vos recherches par vous-même, et mettre en relation les demandes particulières d'une carrière spécifique avec la situation qui vous est propre.

Ce type d'analyse qui met en rapport les éléments d'une carrière avec vos propres éléments est efficace parce qu'il existe, pour chaque type d'emploi, une personne qui aura le plus de chance de réussite. Il s'agit d'un "idéal-type". Dans une carrière, il existe toujours quelques personnes qui ne correspondent pas à cet "idéal-type". Plus vous en êtes éloigné, plus vos chances de réussite dans cette carrière sont faibles. L'idée de ce livre est de vous inciter à suivre vos aptitudes et à trouver une carrière qui vous conviendra "naturellement", qui vous permettra de réussir. Cela ne doit pas vous empêcher de suivre d'autres carrières, mais si votre personnalité, vos aptitudes et vos motivations ne correspondent pas à un emploi, vous devrez faire un effort supplémentaire pour réussir. A présent, rassemblez toutes les informations, lisez attentivement l'index des carrières et... bonne chance!

ACCORDEUR D'INSTRUMENTS Aptitude d'acuité, personnalité souvent sensible et calme, motivation pratique.

ACHETEUR Aptitude numérique moyenne à élevée, souvent jointe à une aptitude technique et spatiale. Personnalité REAI, motivation créative et manager.

ACHETEUR DANS LE PRÊT-À-PORTER Aptitudes variables, emploi généralement lié à une certaine aptitude spatiale. Personnalité indépendante et autoritaire (souvent énergique), motivation créative et manager.

ACTEUR La plupart des aptitudes peuvent se retrouver d'une manière ou d'une autre dans cette profession mais un niveau élevé d'aptitude verbale est souvent utile; personnalité autoritaire et indépendante, motivation créative et littéraire.

ACTUAIRE Niveau des aptitudes bien au-dessus de la moyenne, spécialement en ce qui concerne le domaine numérique et l'acuité; personnalité RCDI et motivation administrative.

AGENT D'ASSURANCES Aptitudes variables, dispositions généralement numérique et verbale; personnalité indépendante, disciplinée et rationnelle; motivation manager et administrative.

AGENT DE CHANGE Aptitudes de niveau variable, souvent bonne aptitude numérique; personnalité RCDI jointe à une motivation administrative.

AGENT DE LA CIRCULATION Aptitudes variables, personnalité rationnelle et indépendante, motivation pratique et administrative.

AGENT DE LA SÉCURITÉ Aptitudes variables jointes à une personnalité rationnelle, calme et indépendante ainsi qu'à une motivation pratique et administrative.

AGENT DE MAINTENANCE Aptitude technique jointe à une personnalité REDI et à une motivation pratique.

AGENT DE POLICE Aptitudes variables jointes à une personnalité REAG et à une motivation manager.

AGENT DE VOYAGE Aptitude verbale et numérique jointes à une personnalité souvent rationnelle, énergique et plutôt indépendante ainsi qu'à une motivation manager et administrative.

AGENT EN IMPORT/EXPORT Aptitudes variables, aptitude numérique et d'acuité sont généralement utiles; personnalité REAI et motivation manager.

AGENT IMMOBILIER Aptitudes variables, personnalité REAG et motivation manager et administrative.

AGENT LITTÉRAIRE Aptitude verbale, personnalité calme et indépendante liée à une motivation littéraire.

AGENT PUBLICITAIRE Aptitude verbale et numérique jointes à une personnalité autoritaire et grégaire ainsi qu'à une motivation manager.

AGRICULTEUR Aptitudes supérieures à la moyenne, surtout en ce qui concerne l'aptitude perceptive et technique; personnalité généralement rationnelle, autoritaire et indépendante, motivation pratique.

AGRONOME Aptitudes bien au-dessus de la moyenne, particulièrement en ce qui concerne l'aptitude perceptive et analytique, pour un travail qui se fait surtout en laboratoire; motivation de type recherche et pratique, et personnalité rationnelle, calme et indépendante.

AIGUILLEUR DU CIEL Aptitudes supérieures à la moyenne surtout pour l'aptitude spatiale et d'acuité, personnalité calme et rationnelle liée à une motivation administrative.

AJUSTEUR Bonne aptitude technique et motivation pour le travail pratique, personnalité variable mais plutôt rationnelle.

AMBULANCIER Aptitudes variables, personnalité RCDG et motivation sociale.

ANALYSTE Aptitude analytique prononcée, personnalité rationnelle et indépendante associée à une motivation administrative et orientée vers la recherche.

ANALYSTE BOURSIER Aptitude numérique et analytique supérieures à la moyenne jointes à une personnalité rationnelle et indépendante ainsi qu'à une motivation administrative.

ANALYSTE EN GESTION Aptitude analytique supérieure à la moyenne, personnalité rationnelle et calme, motivation administrative.

ANALYSTE FINANCIER Aptitude numérique et analytique supérieures à la moyenne jointes à une motivation manager et administrative; personnalité plutôt variable, dépendant de l'entreprise.

ANALYSTE-PROGRAMMEUR Aptitude numérique et analytique supérieures à la moyenne, personnalité RCDI, motivation administrative et orientée vers la recherche.

ANESTHÉSISTE Aptitudes supérieures à la moyenne surtout en ce qui concerne l'aptitude analytique et perceptive; personnalité rationnelle, calme et indépendante associée à une motivation orientée vers la recherche et l'administration.

ANIMATEUR Aptitudes variables, personnalité SCAG et motivation sociale (et souvent pratique).

ANTHROPOLOGUE Aptitudes supérieures à la moyenne. La personnalité dépend du travail : expérimental, universitaire ou littéraire. Elle est généralement plus rationnelle, sensible et indépendante que grégaire. La motivation est littéraire et orientée vers la recherche.

ANTIQUAIRE Cette profession recouvre un niveau variable d'aptitudes, généralement accompagné d'une disposition pour le domaine numérique et spatial; la personnalité est calme et indépendante et la motivation pratique.

ARCHÉOLOGUE Aptitudes supérieures à la moyenne, généralement combinées; une personnalité indépendante et une motivation littéraire et orientée vers la recherche sont nécessaires lorsqu'on exerce cette profession.

ARCHITECTE Aptitudes supérieures à la moyenne, surtout numérique et spatiale, jointes à une personnalité SEAI et à une motivation créative et pratique.

ARCHITECTE D'INTÉRIEUR Aptitudes variables (aptitude spatiale souvent bonne), personnalité SEAI et motivation créative.

ARCHITECTE DE JARDIN Aptitudes supérieures à la moyenne, surtout spatiale, jointes à une personnalité indépendante et autoritaire ainsi qu'à une motivation pratique et créative.

ARCHIVISTE Aptitudes supérieures à la moyenne accompagnées d'une très bonne expression verbale. Personnalité RCDI et motivation administrative et orientée vers la recherche.

ARMATEUR Aptitudes variables (souvent orientées vers le numérique et la technique) jointes à une personnalité rationnelle et à une motivation manager.

ARPENTEUR Aptitude numérique et aptitude d'acuité jointes à une personnalité rationnelle et calme (souvent indépendante) et à une motivation pratique et orientée vers la recherche.

ARTISTE Aptitudes moyennes à élevées, personnalité très sensible et indépendante liée à une motivation créative.

ASSISTANT BIBLIOTHÉCAIRE Aptitude verbale supérieure à la moyenne, personnalité SCDI et motivation littéraire et plutôt administrative.

ASSISTANT DENTISTE Aptitudes variables, aptitude spatiale souvent bonne et aptitude d'acuité élevée; personnalité REDG et motivation sociale et pratique.

ASSISTANT EN ARCHITECTURE Aptitudes moyennes ou légèrement supérieures à la moyenne, surtout dans le domaine de l'acuité et de la technique; personnalité calme.

ASSISTANT EN MILIEU PSYCHIATRIQUE Aptitudes variables, personnalité généralement rationnelle, autoritaire et grégaire et motivation sociale.

ASSISTANT MÉDICAL *voir* INFIRMIER avec des horaires plus réguliers.

ASSISTANT POST-PÉNAL Aptitudes variables jointes à une personnalité rationnelle et grégaire, et à une motivation sociale.

ASSISTANT SENIORS Aptitudes moyennes; personnalité sensible, calme, moyennement autoritaire et nettement grégaire associée à une motivation sociale et pratique.

ASSISTANT SOCIAL Aptitudes supérieures à la moyenne jointes à une personnalité SCAG et à une motivation habituellement sociale et administrative.

ASSISTANT TECHNIQUE (CINÉMA, TV, RADIO...) Aptitudes variables, aptitude technique souvent utile, personnalité disciplinée et indépendante (souvent énergique) et motivation créative.

ATOMISTE Aptitude numérique et perceptive supérieures à la moyenne, personnalité souvent rationnelle, calme et indépendante; motivation pratique et orientée vers la recherche.

AUDITEUR Aptitudes supérieures à la moyenne, surtout numérique et analytique, jointes à une personnalité RCDI et à une motivation pratique.

AVOCAT Aptitude verbale supérieure à la moyenne associée à une aptitude analytique; personnalité RCAI jointe à une motivation littéraire et administrative.

BACTÉRIOLOGISTE Aptitudes supérieures à la moyenne, surtout analytique et perceptive; personnalité disciplinée, rationnelle et souvent indépendante associée à une motivation orientée vers la recherche et plutôt pratique.

BARMAN Aptitudes variables; personnalité REDG.

BATELIER Aptitudes variables jointes à une personnalité SCAG et à une motivation pratique.

BIBLIOTHÉCAIRE Aptitude verbale supérieure à la moyenne, personnalité SCAI et motivation littéraire et administrative.

BIJOUTIER Aptitude spatiale et aptitude d'acuité jointes à une personnalité calme et disciplinée; une motivation créative et pratique est nécessaire.

BIOLOGISTE Aptitudes supérieures à la moyenne, surtout perceptive et analytique; personnalité disciplinée, rationnelle et souvent indépendante lors de la recherche et motivation pratique et orientée vers la recherche.

BOOKMAKER Aptitude numérique supérieure à la moyenne jointe à une personnalité REDI et à une motivation manager et administrative.

BOTANISTE Aptitudes supérieures à la moyenne; personnalité indépendante et disciplinée et intérêt pour la recherche en ce qui concerne cette profession exercée en laboratoire.

BOUCHER Aptitudes variables, mais aptitude spatiale souvent bonne; personnalité généralement indépendante jointe à une motivation pratique.

BOULANGER Aptitude technique et perceptive, souvent jointes à une personnalité calme et indépendante et à une motivation pratique.

BRASSEUR Aptitude technique et perceptive généralement jointes à une personnalité plutôt indépendante et motivation pratique et orientée vers la recherche.

CAISSIER Aptitudes variables, aptitude d'acuité et numérique sont utiles; personnalité généralement disciplinée et grégaire, motivation administrative.

CALCULATEUR Aptitude numérique supérieure à la moyenne, personnalité rationnelle et calme; motivation administrative.

CALCULATEUR BUDGÉTAIRE Aptitude numérique et technique supérieures à la moyenne jointes à une personnalité rationnelle, disciplinée et indépendante ainsi qu'à une motivation pratique et administrative.

CARRELEUR Niveau d'aptitude spatiale et d'acuité au-dessus de la moyenne, personnalité calme (souvent indépendante) jointe à une motivation pratique.

CAMERAMAN Aptitude technique supérieure à la moyenne associées à une personnalité rationnelle et calme; motivation créative et pratique.

CARROSSIER Aptitude technique et aptitude d'acuité; personnalité RCDI jointe à une motivation orientée vers la recherche.

CARTOGRAPHE Aptitudes (principalement spatiale, numérique et d'acuité) supérieures à la moyenne, jointes à une personnalité rationnelle, indépendante et généralement calme ainsi qu'à une motivation créative et orientée vers la recherche.

CHAUFFEUR Aptitudes variables, personnalité RCDI et motivation pratique.

CHAUFFEUR DE TAXI Aptitudes variables; personnalité plutôt indépendante, énergique et souvent autoritaire et motivation sociale et pratique.

CHAUFFEUR DE BUS Aptitudes variables, personnalité fortement indépendante et motivation pratique.

CHAUFFEUR DE POIDS LOURDS Aptitudes variables jointes à une personnalité RCDI et à une motivation pratique.

CHEF COMPTABLE Aptitudes supérieures à la moyenne, surtout en ce qui concerne les chiffres; personnalité rationnelle et indépendante jointe à une motivation administrative. Pour les professions liées à la gestion, une personnalité autoritaire et une motivation manager sont nécessaires.

CHEF DE BUREAU Aptitude numérique et aptitude d'acuité; personnalité rationnelle, mais non disciplinée et motivation administrative et manager.

CHEF MAGASINIER Aptitudes variables (un bon niveau pour les aptitudes numérique, spatiale et d'acuité sont utiles); personnalité REAG et motivation pratique et manager.

CHIMISTE Aptitude analytique et perceptive très bonnes jointes à une motivation orientée vers la recherche.

CHIRURGIEN Aptitudes supérieures à la moyenne (dispositions surtout analytique et perceptive); personnalité calme, indépendante et motivation orientée vers la recherche.

CHORÉGRAPHE Aptitudes variables mais bon niveau d'aptitude spatiale peut s'avérer utile, personnalité généralement sensible et énergique jointe à une motivation créative et administrative ainsi qu'à une grande persévérance.

CLAVISTE Aptitudes variables jointes à une très grande acuité et à une personnalité disciplinée ainsi qu'à un intérêt administratif.

CLERC L'aptitude d'acuité est primordiale, ainsi qu'un intérêt administratif, mais la personnalité dépend du genre d'entreprise.

COIFFEUR Aptitude spatiale jointe à une personnalité REDG et à une motivation sociale et pratique.

COMMERÇANT Aptitudes variables (aptitude numérique constitue un avantage) jointes à une personnalité rationnelle et énergique ainsi qu'à une motivation pratique.

COMMISSAIRE AUX COMPTES Aptitudes bien au-dessus de la moyenne particulièrement pour les domaines numérique et analytique, personnalité RCDI et motivation administrative.

COMMISSAIRE DU BORD Aptitude numérique supérieure à la moyenne; personnalité indépendante et autoritaire et motivation administrative (Cette profession nécessite de plus en plus souvent une formation de comptable).

COMMISSAIRE-PRISEUR Aptitudes variables; personnalité rationnelle, énergique, autoritaire et grégaire jointe à une motivation manager et pratique. Des dispositions supérieures à la moyenne sont nécessaires pour obtenir des qualifications professionnelles.

COMPOSITEUR Aptitude spatiale et technique, personnalité rationnelle et calme, motivation créative.

COMPTABLE Aptitude numérique et aptitude d'acuité; personnalité rationnelle et disciplinée; motivation administrative.

CONDUCTEUR DE TRAIN Aptitudes variables, personnalité calme et indépendante et motivation pratique.

CONSEILLER CONJUGAL Aptitude verbale et analytique supérieures à la moyenne. Personnalité SEDG et motivation sociale et administrative.

CONSEILLER EN INVESTISSEMENTS Aptitudes supérieures à

la moyenne, surtout dans le domaine du numérique, de l'acuité et de l'analytique; personnalité RCAG et motivation administrative, manager et orientée vers la recherche.

CONSEILLER EN GESTION D'ENTREPRISE Aptitude verbale et analytique supérieures à la moyenne jointes à une personnalité rationnelle, calme et indépendante ainsi qu'à une motivation manager.

CONSEILLER EN ORIENTATION PROFESSIONNELLE Aptitudes supérieures à la moyenne, personnalité calme et indépendante et motivation sociale combinée à une préférence pour les adolescents.

CONSEILLER FISCAL Aptitude numérique et analytique jointes à une personnalité RCAI et à une motivation manager et administrative.

CONSEILLER JURIDIQUE Aptitude verbale et aptitude d'acuité supérieures à la moyenne. Personnalité souvent rationnelle et quelque peu autoritaire jointe à une motivation orientée vers la recherche.

CONSERVATEUR DE MUSEE Aptitudes variables (aptitude spatiale et technique utiles) jointes à une personnalité SCDI ainsi qu'à une motivation pratique et plutôt orientée vers la recherche.

CONSERVATEUR DE PARC NATUREL Aptitudes variables; personnalité indépendante et motivation pratique.

CONTRÔLEUR DE QUALITÉ Aptitude technique et analytique supérieures à la moyenne jointes à une personnalité rationnelle et indépendante ainsi qu'à une motivation pratique et orientée vers la recherche.

CONTRÔLEUR DES CHEMINS DE FER Aptitudes combinées jointes à une personnalité rationnelle, calme et souvent indépendante ainsi qu'à une motivation sociale et pratique.

CONTRÔLEUR DES FINANCES Aptitude numérique et aptitude d'acuité; personnalité rationnelle, calme et autoritaire et motivation administrative.

COPYWRITER PUBLICITAIRE Aptitude verbale; personnalité sensible jointe à motivation créative et littéraire, grande ambition dans un environnement où règne une concurrence effrénée.

CORDONNIER Aptitudes variables, surtout spatiale. Personnalité RCDI et motivation sociale et pratique.

CORRECTEUR Aptitudes supérieures à la moyenne surtout dans le domaine du verbal et de l'acuité, jointes à une personnalité disciplinée et indépendante ainsi qu'à une motivation littéraire.

COUPEUR Aptitude d'acuité et aptitude spatiale; personnalité variable, mais souvent sensible et indépendante jointe à une motivation créative et pratique.

COUPEUSE (PATRONS) Aptitude spatiale et technique, jointes à une personnalité souvent rationnelle et disciplinée ainsi qu'à une motivation pratique.

COURSIER Aptitudes variables jointes à une personnalité autoritaire et indépendante ainsi qu'à une motivation administrative.

COURTIER Aptitude numérique et analytique supérieures à la moyenne; personnalité rationnelle et autoritaire jointe à une motivation manager, administrative et à du flair!

COUTURIER Aptitude spatiale; personnalité énergique, autoritaire et indépendante jointe à une motivation créative et pratique.

COUTURIÈRE Aptitudes variables, souvent jointes à une personnalité disciplinée et grégaire et à une motivation pratique.

COUVREUR Aptitude technique et spatiale, personnalité souvent calme, autoritaire et indépendante, motivation pratique.

CRITIQUE DE CINÉMA Aptitude verbale; personnalité indépendante et motivation créative et littéraire.

CRITIQUE LITTÉRAIRE Aptitude verbale élevée jointe à une personnalité autoritaire et indépendante ainsi qu'à une motivation clairement littéraire.

CUISINIER Aptitudes variables, aptitude spatiale utile; personnalité REDI et motivation pratique, créative et administrative, être prêt à travailler en dehors des horaires habituels.

CURATEUR Aptitudes supérieures à la moyenne; personnalité RCAI associée à une motivation manager et administrative.

DACTYLOGRAPHE L'aptitude d'acuité est décisive, mais l'aptitude verbale est utile; personnalité variable dépendant du genre de l'entreprise et motivation administrative.

DANSEUR Aptitudes variables jointes à une personnalité SEAI et à une motivation créative.

DÉCORATEUR Aptitude spatiale et technique, souvent associées à une personnalité sensible, énergique et indépendante et à une motivation pratique.

DÉLÉGUÉ MÉDICAL Aptitude verbale et perceptive; personnalité rationnelle, indépendante et autoritaire; motivation manager.

DÉLÉGUÉ SYNDICAL Aptitudes variables; personnalité généralement rationnelle, indépendante et calme; motivation sociale et administrative.

DÉMONSTRATEUR Aptitude verbale et spatiale, personnalité REAI et motivation pratique.

DENTISTE Aptitude technique et spatiale supérieures à la moyenne; personnalité RCAI jointe à une motivation sociale et orientée vers la recherche.

DESIGNER Aptitudes au-dessus de la moyenne surtout au niveau spatial, personnalité indépendante et sensible, motivation créative.

DESSINATEUR INDUSTRIEL Aptitude numérique et spatiale situées bien au-dessus de la moyenne jointes à une personnalité variable dépendant du genre d'entreprise ainsi qu'à une motivation créative et pratique.

DÉTAILLANT Aptitudes variables (surtout numérique); personnalité RCAG; motivation sociale et manager.

DÉTECTIVE PRIVÉ Aptitude spatiale et aptitude d'acuité; personnalité REAI et motivation pratique et administrative.

DIÉTÉTICIEN Aptitudes supérieures à la moyenne, souvent perceptive et analytique; personnalité REDI et motivation orientée vers la recherche.

DIPLOMATE Aptitudes supérieures à la moyenne, personnalité RCAI et motivation manager; être prêt à s'expatrier.

DIRECTEUR COMMERCIAL Aptitude verbale et souvent numérique jointes à une personnalité REAG ainsi qu'à une motivation manager.

DIRECTEUR D'AGENCE PUBLICITAIRE Aptitudes variables jointes à une personnalité REAG et à une motivation créative et manager.

DIRECTEUR D'ÉCOLE Aptitude verbale et numérique (généralement supérieures à la moyenne) et motivation sociale et manager. La personnalité est davantage équilibrée que clairement définie.

DIRECTEUR D'HÔTEL Aptitudes variables, surtout verbale et numérique ; personnalité REAG et motivation sociale et manager.

DIRECTEUR D'UN CENTRE D'ACCUEIL POUR DÉLINQUANTS Aptitudes supérieures à la moyenne jointes à une personnalité SCAG et à une motivation sociale et manager.

DIRECTEUR D'UNE AGENCE IMMOBILIÈRE Aptitude numérique et aptitude d'acuité supérieures à la moyenne, personnalité variable et motivation administrative.

DIRECTEUR DE BANQUE Aptitudes supérieures à la moyenne, surtout dans le domaine du numérique et de l'acuité; personnalité RCAG, motivation administrative et manager.

DIRECTEUR DE CINÉMA Aptitudes variables, aptitude numérique et aptitude d'acuité essentielles, personnalité équilibrée (mais souvent indépendante et parfois autoritaire) jointe à une motivation créative et administrative.

DIRECTEUR DE THÉÂTRE Aptitude verbale et numérique supérieures à la moyenne; personnalité calme et indépendante et motivation créative et administrative.

DIRECTEUR DU MARKETING Aptitude verbale et numérique; personnalité rationnelle, énergique, autoritaire et indépendante et motivation manager.

DIRECTEUR DU PERSONNEL Aptitude verbale jointe à une personnalité SCAI et à une motivation manager et administrative.

DIRECTEUR DE PRODUCTION Aptitude technique et numérique supérieures à la moyenne jointes à une personnalité RCAG et à une motivation pratique et manager.

DIRECTEUR GÉNÉRAL Aptitudes généralement supérieures à la moyenne, surtout numérique et verbale; personnalité sensible, calme, autoritaire et indépendante jointe à une motivation manager.

DISC-JOCKEY Aptitudes variables, jointes à une personnalité REDI ainsi qu'à une motivation sociale et pratique.

DROGUISTE Aptitudes variables (surtout numérique); personnalité RCAG et motivation sociale.

ÉBÉNISTE Aptitude spatiale et technique souvent liées à une personnalité indépendante et calme ainsi qu'à une motivation pratique.

ÉCLAIRAGISTE (CINÉMA, THÉÂTRE...) Aptitude technique supérieure à la moyenne; personnalité calme et indépendante et motivation créative et pratique.

ÉCO-CONSEILLER Niveau d'aptitudes bien au-dessus de la moyenne surtout pour l'aptitude analytique et perceptive, personnalité rationnelle et indépendante ainsi qu'une motivation de type pratique et recherche.

ÉCONOMISTE Aptitude verbale et numérique supérieures à la moyenne, motivation orientée vers la recherche et personnalité variable dépendant du genre d'entreprise.

ÉCRIVAIN Aptitude verbale, personnalité SEAI et motivation littéraire.

ÉDITEUR Aptitude verbale et spatiale jointes à une personnalité REAI et à une motivation littéraire et manager.

ÉDUCATEUR Aptitudes variables jointes à une personnalité SCAG et à une motivation sociale et orientée vers la recherche.

ÉLECTRICIEN Aptitude technique et personnalité variable jointes à une motivation pratique.

EMBAUMEUR Aptitudes variables; personnalité rationnelle, calme et disciplinée jointe à une motivation créative et pratique.

EMPLOYÉ Niveau variable d'aptitudes, dépend de l'ambition et du secteur de travail; cela vaut aussi pour la personnalité mais celle-ci est généralement rationnelle, calme, disciplinée et grégaire. La motivation est plutôt administrative.

EMPLOYÉ DANS UN OFFICE NATIONAL POUR L'EMPLOI Aptitudes variables généralement jointes à une personnalité calme et rationnelle ainsi qu'à une motivation sociale et administrative.

EMPLOYÉ DE BANQUE Aptitudes supérieures à la moyenne, surtout dans le domaine du numérique et de l'acuité; personnalité généralement rationnelle, disciplinée et indépendante associée à une motivation administrative.

EMPLOYÉ DES POSTES Aptitude numérique souvent liée à une personnalité rationnelle, disciplinée et grégaire et à une motivation administrative.

EMPLOYÉ EN ADMINISTRATION Niveau de compétences variable selon le niveau de responsabilités, mais une aptitude numérique et verbale s'avèrent indispensables; personnalité rationnelle et calme, intérêt pour le travail administratif.

ENCADREUR Aptitude spatiale; personnalité indépendante et disciplinée; motivation créative et pratique.

ENTRAÎNEUR SPORTIF Aptitudes variables et personnalité énergique et autoritaire; motivation sociale et pratique.

ENTREPRENEUR DE POMPES FUNÈBRES Aptitude technique et aptitude d'acuité; personnalité calme et indépendante; résultats équilibrés sur le plan de la raison et de la sensibilité; motivation sociale et manager

ENTREPRENEUR EN BÂTIMENTS Aptitudes supérieures à la moyenne, surtout spatiale et numérique. Personnalité généralement SEAI et motivation pratique.

ÉPICIER Aptitudes variables; personnalité rationnelle, énergique et grégaire jointe à une motivation pratique et administrative.

ERGOTHÉRAPEUTE Aptitudes supérieures à la moyenne (reposant surtout sur l'acuité et la technique); personnalité calme et indépendante jointe à une motivation sociale et pratique.

ESTHÉTICIEN Aptitudes moyennes, surtout dans le domaine du spatial et de l'acuité. Personnalité SEAG et motivation créative et orientée vers la recherche.

ÉTALAGISTE Aptitude spatiale exigée, personnalité sensible (souvent énergique et indépendante); motivation créative.

EXPERT EN ASSURANCES Profession très spécialisée nécessitant un niveau d'aptitudes générales élevé, une personnalité indépendante et une motivation manager et pratique.

EXPERT-COMPTABLE Aptitudes générales moyennes à élevées, surtout dans le domaine du numérique et de l'acuité; personnalité RCDI et motivation administrative.

FABRICANT D'INSTRUMENTS DE MUSIQUE Aptitude numérique et technique jointes à une personnalité souvent rationnelle, calme et indépendante, motivation créative et pratique.

FACTEUR Aptitudes variables jointes à une personnalité calme et indépendante ainsi qu'à une motivation sociale et pratique.

FLEURISTE Aptitude spatiale, personnalité sensible et indépendante jointe à une motivation créative.

FONCTIONNAIRE Niveau d'aptitudes variable, dépendant de votre ambition; la personnalité dépend des différents services et départements, mais est généralement rationnelle, disciplinée et grégaire et est associée à une forte motivation administrative.

FORGERON Aptitude technique; personnalité rationnelle et indépendante souvent accompagnée d'une approche autoritaire, mais calme; motivation pratique.

GARAGISTE Aptitudes variables (surtout numérique); personnalité RCAI jointe à une motivation administrative et manager.

GARÇON DE CAFÉ Aptitudes variables, personnalité SEDI et motivation sociale et pratique.

GARDE-CHASSE Aptitudes variables et personnalité disciplinée et indépendante jointes à une motivation pratique; prêt à vivre isolé et à travailler dehors par tous les temps.

GARDE-FORESTIER Aptitude technique, personnalité fortement indépendante, généralement calme; motivation rationnelle et pratique avec une préférence pour la vie à l'extérieur.

GARDIEN DE PRISON Aptitudes variables jointes à une personnalité RCDG et à une motivation sociale et pratique.

GARDIENNE D'ENFANTS Aptitudes variables; personnalité SCDI et motivation sociale.

GÉOLOGUE Aptitude analytique et perceptive supérieures à la moyenne jointes à une personnalité rationnelle et souvent indépendante, ainsi qu'à une motivation pratique et orientée vers la recherche.

GÉOMÈTRE Aptitudes au-dessus de la moyenne surtout en ce qui concerne l'aptitude numérique et spatiale; personnalité rationnelle et calme (souvent indépendante) jointe à une motivation de type de recherche et pratique.

GÉRANT D'UNE AUBERGE DE JEUNESSE Aptitudes variables, personnalité calme et rationnelle jointe à une motivation sociale et souvent pratique.

GÉRANT D'UNE GALERIE D'ART Aptitudes variables, personnalité généralement calme et indépendante et une motivation créative et pratique.

GÉRANT DE RESTAURANT Aptitudes variables jointes à une personnalité REAI; motivation pratique et manager.

GRAPHISTE Aptitude spatiale et aptitude d'acuité, la personnalité peut varier, mais est souvent sensible et indépendante, avec une motivation créative.

GRAVEUR Aptitude technique et spatiale; personnalité disciplinée et indépendante; motivation créative et pratique.

GREFFIER DE JUSTICE Aptitude verbale et aptitude d'acuité (généralement supérieures à la moyenne) jointes à une personnalité rationnelle, calme et indépendante ainsi qu'à une motivation administrative.

GROSSISTE Aptitude spatiale et aptitude d'acuité; personnalité souvent rationnelle, indépendante et autoritaire jointe à une motivation créative et administrative.

HABILLEUSE (THÉÂTRE) Aptitudes variables; personnalité calme et sensible; motivation créative et pratique.

HISTORIEN Aptitude d'acuité et aptitude analytique supérieures à la moyenne jointes à une personnalité disciplinée et rationnelle et à une motivation littéraire.

HORLOGER Aptitude technique; personnalité généralement calme et indépendante; motivation pratique.

HÔTESSE Aptitudes variables jointes à une personnalité SEDG; motivation pratique et sociale.

HUISSIER Aptitudes variables; personnalité rationnelle, calme et disciplinée jointe à une motivation administrative.

ILLUSTRATEUR Aptitudes variables, bonne aptitude spatiale nécessaire; personnalité sensible et disciplinée; motivation créative.

ILLUSTRATEUR DE LIVRES Aptitude spatiale et perceptive; personnalité généralement sensible et indépendante; motivation clairement créative.

IMPRIMEUR Aptitude spatiale et technique jointes à une personnalité indépendante et à une motivation littéraire et pratique.

INFIRMIER Aptitudes supérieures à la moyenne jointes à une personnalité RCDG et à une motivation sociale et orientée vers la recherche.

INFIRMIER À DOMICILE Aptitudes supérieures à la moyenne, personnalité calme et motivation sociale.

INFIRMIER D'ENTREPRISE Aptitudes supérieures à la moyenne associées à une personnalité calme et plutôt rationnelle et à une motivation sociale et pratique.

INFIRMIER EN CHEF Aptitudes supérieures à la moyenne; personnalité SCAG et motivation sociale, manager et administrative.

INFIRMIER EN MILIEU PSYCHIATRIQUE Aptitudes générales supérieures à la moyenne, personnalité SCDG et forte motivation sociale.

INFORMATICIEN Aptitude numérique, technique et analytique supérieures à la moyenne; personnalité rationnelle, calme et indépendante jointe à une motivation pratique et orientée vers la recherche.

INGÉNIEUR-AGRONOME Des aptitudes supérieures à la moyenne surtout en ce qui concerne l'aptitude perceptive et l'aptitude analytique qui sont généralement nécessaires pour cette profession exercée dans un laboratoire; motivation pratique nécessaire lors de la recherche. La personnalité est moins évidente, mais est généralement rationnelle, calme et indépendante.

INGÉNIEUR BIOMÉDICAL Aptitudes supérieures à la moyenne, surtout perceptive, spatiale et technique. Personnalité variable, dépendante de l'environnement; motivation pratique et orientée vers la recherche.

INGÉNIEUR CIVIL Aptitudes supérieures à la moyenne, surtout

numérique et technique, jointes à une personnalité rationnelle et indépendante, souvent quelque peu autoritaire; motivation pratique et manager.

INGÉNIEUR EN AÉRONAUTIQUE Aptitudes supérieures à la moyenne, surtout numérique et technique, personnalité rationnelle, calme et indépendante jointe à une motivation orientée vers la pratique et la recherche.

INGÉNIEUR EN ÉLECTRO-MÉCANIQUE Aptitude spatiale et technique supérieures à la moyenne; motivation pratique et orientée vers la recherche. La personnalité peut varier, mais est généralement rationnelle et indépendante.

INGÉNIEUR DU SON Aptitude technique et numérique supérieures à la moyenne jointes à une personnalité variable, mais souvent autoritaire et indépendante. Motivation créative et pratique.

INGÉNIEUR-MÉCANICIEN Aptitudes supérieures à la moyenne, dispositions souvent numérique, technique et analytique. Personnalité variable, dépendant du genre d'entreprise, mais généralement rationnelle et indépendante; motivation pratique et orientée vers la recherche.

INSPECTEUR Aptitudes variables jointes à une personnalité rationnelle, autoritaire et indépendante et à une motivation manager et administrative.

INSPECTEUR DE CHANTIER Aptitude technique et perceptive supérieures à la moyenne; personnalité rationnelle, autoritaire et indépendante; motivation pratique et administrative.

INSPECTEUR DES BREVETS D'INVENTION Aptitude technique et analytique supérieures à la moyenne, personnalité rationnelle, calme et indépendante jointe à une motivation pratique et orientée vers la recherche.

INSPECTEUR DES IMPÔTS Aptitude numérique supérieure à la

moyenne; personnalité rationnelle, indépendante (souvent autoritaire) jointe à une motivation manager et administrative.

INSTITUTRICE MATERNELLE Aptitudes variables, personnalité SCDG et motivation sociale.

INTERPRÈTE Aptitude verbale supérieure à la moyenne jointe à une personnalité REDI et à une motivation littéraire.

INTERVIEWER Aptitude verbale jointe à une personnalité grégaire et souvent énergique ainsi qu'à une indispensable motivation littéraire et sociale.

JARDINIER Aptitudes variables, souvent technique et spatiale, jointes à une personnalité indépendante et disciplinée ainsi qu'à une motivation pratique.

JOAILLIER Bon niveau d'aptitude spatiale et d'acuité, une personnalité calme et disciplinée ainsi qu'une motivation créative et pratique sont requises.

JOURNALISTE Aptitude verbale jointe à une personnalité SEAG ou SCAI (dépend du nombre de contacts établis dans le travail journalier); une motivation littéraire est nécessaire.

JOURNALISTE TECHNIQUE Aptitude verbale et technique supérieures à la moyenne. Personnalité indépendante, calme et souvent disciplinée jointe à une motivation littéraire et orientée vers la recherche.

JOURNALISTE SCIENTIFIQUE Aptitude verbale et perceptive jointes à une personnalité rationnelle et indépendante ainsi qu'à une motivation littéraire et orientée vers la recherche.

JURISTE Aptitudes supérieures à la moyenne dans le domaine du verbal, du numérique et de l'acuité. Personnalité souvent rationnelle et quelque peu autoritaire jointe à une motivation littéraire et administrative.

KINÉSITHÉRAPEUTE Aptitudes supérieures à la moyenne jointes à une personnalité calme et indépendante ainsi qu'à une motivation pratique et sociale.

LABORANTIN Aptitudes (surtout technique et perceptive) supérieures à la moyenne jointes à une personnalité nécessairement rationnelle et disciplinée avec une motivation fortement orientée vers la recherche.

LIBRAIRE Aptitudes variables, mais aptitude verbale souvent élevée, personnalité clairement indépendante et souvent énergique; motivation manager et administrative.

LINGUISTE Aptitude verbale bien au-dessus de la moyenne avec une forte motivation pour le travail littéraire, la personnalité varie en fonction de l'environnement de travail.

LIVREUR Aptitudes variables (bonne aptitude numérique peut être utile), personnalité SCDI et motivation pratique.

MAÇON Aptitudes variables, mais souvent orientées vers la technique, liées à une personnalité plutôt autoritaire et indépendante ainsi qu'à une forte motivation pratique.

MAÎTRE-JARDINIER Aptitudes variables, une certaine aptitude technique peut souvent être utile; personnalité SCDI jointe à une motivation créative et pratique.

MANAGER Aptitudes supérieures à la moyenne, personnalité RCAG jointe à une motivation manager.

MANNEQUIN Aptitudes variables, personnalité énergique et disciplinée; le physique joue également un grand rôle.

MANUTENTIONNAIRE Aptitude numérique et aptitude d'acuité jointes à une personnalité variable, dépendant du genre d'entreprise, mais généralement rationnelle, disciplinée et indépendante; motivation pratique et administrative.

MAQUETTISTE Niveau supérieur à la moyenne en ce qui concerne l'aptitude spatiale ou technique suivant le domaine, personnalité variable jointe à une motivation créative et pratique.

MAQUILLEUR Aptitudes variables jointes à une personnalité sensible, calme et indépendante ainsi qu'à une motivation créative.

MASSEUR Aptitudes variables, personnalité REDI et motivation pratique.

MATHÉMATICIEN Aptitude numérique et analytique, dispositions supérieures à la moyenne, personnalité souvent rationnelle et indépendante; motivation administrative et orientée vers la recherche.

MÉCANICIEN Aptitude technique, personnalité souvent rationnelle et motivation pratique.

MÉCANICIEN-DENTISTE Aptitude technique jointe à une personnalité rationnelle et calme ainsi qu'à une motivation pratique.

MÉDECIN Aptitude numérique et analytique supérieures à la moyenne et bonne aptitude perceptive; personnalité RCAG et motivation sociale.

MÉDIATEUR SYNDICAL Aptitudes variables jointes à une personnalité SEAG et à une motivation manager.

MENUISIER Aptitudes variables (surtout spatiale et technique); personnalité variable dépendant de l'environnement de travail jointe, motivation créative et pratique.

MÉTALLURGISTE Aptitude technique et analytique supérieures à la moyenne; personnalité rationnelle (souvent indépendante), motivation pratique et orientée vers la recherche.

MÉTÉOROLOGUE Aptitudes supérieures à la moyenne; personnalité rationnelle et souvent indépendante et motivation orientée vers la recherche.

MILITAIRE DE CARRIERE Aptitudes variables (aptitude technique de plus en plus exigée) jointes à une personnalité RCDG et à une motivation sociale et pratique.

MODÉLISTE Aptitude spatiale et technique jointes à une motivation créative et pratique. La personnalité varie parfois suivant l'entreprise.

MONITEUR D'AUTO-ÉCOLE Aptitudes moyennes, personnalité RCAG et motivation sociale.

MONTEUR Aptitude numérique et technique (généralement supérieures à la moyenne) jointes à une personnalité rationnelle et indépendante ainsi qu'à une motivation pratique.

MUSICIEN Aptitudes supérieures à la moyenne jointes à une personnalité sensible, énergique, autoritaire et sociale et à une motivation créative. Le talent est également très utile!

NOTAIRE Aptitudes supérieures à la moyenne, surtout verbale; personnalité RCDI et motivation littéraire et administrative.

NUTRITIONNISTE Aptitude analytique et perceptive supérieures à la moyenne; personnalité rationnelle et énergique et motivation sociale et orientée vers la recherche.

OFFICIER Aptitudes moyennes à élevées sans dispositions particulières; personnalité RCAG liée à une motivation sociale et quelque peu pratique.

OFFICIER DE POLICE Aptitudes supérieures à la moyenne jointes à une personnalité RCDG et à une motivation sociale et pratique.

OFFICIER NAVIGANT Aptitude spatiale et d'acuité, jointes à une personnalité rationnelle, calme et indépendante ainsi qu'à une motivation pratique et orientée vers la recherche.

OMBUDSMAN Aptitudes variables dépendant du secteur de travail, personnalité RCAI; motivation souvent sociale.

OPÉRATEUR (CINÉMA) Aptitude technique jointe à une personnalité calme et indépendante; motivation créative et pratique.

OPTICIEN Aptitude spatiale et perceptive supérieures à la moyenne, souvent jointes à une bonne aptitude d'acuité; personnalité calme et indépendante et motivation orientée vers la recherche et manager.

OPTOMÉTRISTE Aptitudes (principalement spatiale et d'acuité) supérieures à la moyenne; personnalité souvent rationnelle et indépendante jointe à une motivation sociale et orientée vers la recherche.

ORFÈVRE Aptitude spatiale et technique; personnalité sensible, disciplinée et indépendante; motivation créative et plutôt pratique.

ORGANISATEUR D'EXPOSITIONS Aptitude verbale et numérique et aptitude d'acuité élevées; personnalité rationnelle, calme et souvent indépendante; motivation littéraire et manager.

ORGANISATEUR DE CONFÉRENCES Aptitudes variables, jointes à une personnalité autoritaire et grégaire ainsi qu'à une motivation littéraire et administrative.

ORTHOPÉDISTE Aptitudes supérieures à la moyenne jointes à une personnalité RCAI et à une motivation sociale et dirigée vers la recherche.

ORTHOPHONISTE Aptitudes supérieures à la moyenne. Personnalité sensible, indépendante et souvent énergique jointe à une motivation littéraire et sociale.

OSTÉOPATHE Aptitudes supérieures à la moyenne jointes à une personnalité SCAG et à une motivation sociale.

OUVREUSE Aptitudes variables, personnalité variable mais plutôt calme et motivation pratique.

OUVRIER Aptitude technique; personnalité rationnelle et indépendante et motivation pratique.

PATHOLOGISTE Aptitude analytique et perceptive (complétées par une grande acuité) supérieures à la moyenne; personnalité rationnelle et indépendante (souvent calme et autoritaire) et motivation pratique et orientée vers la recherche.

PÂTISSIER Aptitudes variables jointes à une bonne aptitude perceptive; motivation créative et pratique. La personnalité varie en fonction de l'entreprise.

PÊCHEUR Aptitudes variables jointes à une personnalité rationnelle et souvent disciplinée ainsi qu'à une motivation pratique.

PÉDICURE Aptitudes générales supérieures à la moyenne, personnalité calme et indépendante jointe à une motivation sociale.

PEINTRE EN BÂTIMENTS Aptitude technique et spatiale jointes à une personnalité REDI et à une motivation pratique.

PERCEPTEUR DES IMPÔTS Aptitudes variables (aptitude numérique utile), personnalité RCAG et motivation manager et pratique.

PHARMACIEN Aptitude d'acuité et aptitude perceptive supérieures à la moyenne; personnalité rationnelle, indépendante (souvent autoritaire); motivation sociale et orientée vers la recherche.

PHILOSOPHE Aptitude verbale et analytique supérieures à la moyenne et motivation littéraire. La personnalité varie, mais est généralement indépendante.

PHOTOGRAPHE Aptitude spatiale jointe à une personnalité indépendante et à une motivation créative et pratique.

PHYSICIEN Aptitude numérique et technique supérieures à la

moyenne, personnalité rationnelle (souvent indépendante) et motivation orientée vers la recherche.

PILOTE Aptitudes supérieures à la moyenne, surtout numérique et perceptive; personnalité RCAI et motivation manager.

PILOTE (BATEAU) Aptitude numérique et spatiale, généralement jointes à de très hautes capacités d'acuité. Personnalité souvent calme et indépendante et motivation pratique.

PLOMBIER Aptitude technique et motivation pratique jointes à une personnalité variable, mais généralement rationnelle.

PLONGEUR Aptitude technique jointe à une personnalité RCDI et à une motivation pratique.

POLITICIEN Aptitude verbale, personnalité REAG et motivation manager.

PORTIER Aptitudes variables jointes à une personnalité sensible, calme, disciplinée et indépendante et à une motivation sociale.

PRÉSENTATEUR (TV, RADIO) Aptitude verbale jointe à une personnalité énergique et indépendante ainsi qu'à une motivation créative et manager.

PRODUCTEUR (FILMS,...) Aptitudes variables (une bonne aptitude numérique est utile); personnalité rationnelle et indépendante (souvent autoritaire) et motivation littéraire et manager.

PROFESSEUR Aptitudes supérieures à la moyenne, surtout en ce qui concerne l'aptitude verbale, jointes à une personnalité SCAG et à une motivation sociale.

PROFESSEUR D'ÉDUCATION PHYSIQUE Aptitudes supérieures à la moyenne; personnalité énergique et motivation sociale et pratique.

PROFESSEUR DE DICTION ET DE THÉÂTRE Aptitude verbale supérieure à la moyenne; personnalité sensible et autoritaire et motivation sociale et littéraire.

PROFESSEUR DE LANGUES Aptitudes supérieures à la moyenne, surtout verbale; personnalité souvent rationnelle et autoritaire; motivation littéraire et sociale.

PROFESSEUR DE SCIENCES Aptitudes supérieures à la moyenne (surtout en ce qui concerne l'aptitude verbale et l'aptitude perceptive) jointes à une personnalité calme et rationnelle ainsi qu'à une motivation sociale et orientée vers la recherche.

PROFESSEUR POUR HANDICAPÉS *voir* PROFESSEUR, mais accent mis sur l'aptitude verbale et la motivation sociale.

PROGRAMMEUR INFORMATICIEN Aptitude analytique supérieure à la moyenne, personnalité rationnelle et indépendante associée à une motivation administrative et orientée vers la recherche.

PSYCHOLOGUE Aptitude verbale et analytique supérieures à la moyenne jointes à une personnalité SCAI et motivation sociale.

PSYCHOLOGUE D'ENTREPRISE Aptitude verbale et analytique supérieures à la moyenne, personnalité généralement rationnelle, énergique et indépendante jointe à une motivation sociale.

PSYCHOLOGUE EN MILIEU SCOLAIRE Aptitudes supérieures à la moyenne, personnalité calme et indépendante et motivation sociale et orientée vers la recherche, complétée par une agrégation et par de l'expérience chez des enfants atteints de troubles du comportement.

PUÉRICULTRICE Aptitudes moyennes; personnalité sensible, calme, moyennement autoritaire et fortement sociale jointe à une motivation sociale et pratique.

QUINCAILLIER Aptitudes variables, des dispositions pour le numérique et la technique sont utiles; personnalité souvent rationnelle, énergique et indépendante, motivation manager et pratique.

RADIOLOGUE Profession nécessitant des aptitudes supérieures à la moyenne et pour laquelle une bonne aptitude dans le domaine de l'acuité et de la perception sont utiles; personnalité généralement calme et indépendante jointe à une motivation orientée vers la science et la recherche.

RAMONEUR Aptitudes variables jointes à une aptitude technique de plus en plus élevée; personnalité REDI et motivation pratique.

RÉCEPTIONNISTE Aptitudes variables (surtout aptitude d'acuité et verbale), personnalité variable dépendant du genre d'entreprise (souvent calme et quelque peu disciplinée), motivation littéraire et administrative.

RÉDACTEUR EN CHEF Aptitude verbale et spatiale jointes à une personnalité calme et autoritaire ainsi qu'à une motivation littéraire et manager.

RÉGISSEUR Aptitudes variables (aptitude technique de plus en plus souvent exigée), personnalité calme, autoritaire et indépendante; motivation littéraire et pratique.

RELIEUR Aptitude spatiale et technique jointes à une personnalité disciplinée et indépendante ainsi qu'à une motivation créative et pratique.

REPORTER Aptitudes supérieures à la moyenne, surtout verbale; personnalité énergique et indépendante; motivation littéraire.

REPRÉSENTANT Aptitude verbale (souvent aussi numérique) jointe à une personnalité REAG. Motivation dépendante de l'environnement, mais une motivation pratique et manager est très utile.

RESPONSABLE DE LA GESTION DES STOCKS Bon niveau pour l'aptitude numérique et d'acuité; personnalité variable, selon le cadre de travail, mais généralement rationnelle, disciplinée et indépendante ainsi qu'une motivation administrative.

RESPONSABLE DES RELATIONS PUBLIQUES Aptitude verbale jointe à une personnalité REAG et motivation manager.

RESPONSABLE DES TRANSPORTS Aptitudes variables, personnalité rationnelle, calme, autoritaire et grégaire; motivation pratique et manager.

RESPONSABLE DES VENTES Aptitudes variables et personnalité rationnelle, énergique, autoritaire et indépendante. La motivation dépend de l'environnement, mais une motivation pratique et manager est très utile.

RESTAURATEUR (TABLEAUX) Aptitudes variables (surtout spatiale et technique), personnalité souvent calme et indépendante; motivation créative et orientée vers la recherche.

SAGE-FEMME Aptitudes supérieures à la moyenne; personnalité calme, indépendante et moyennement autoritaire jointe à une motivation sociale.

SAPEUR-POMPIER Aptitudes variables; personnalité RCDG et motivation sociale.

SCULPTEUR Aptitude spatiale et personnalité SEAI. Motivation créative et pratique et du talent!

SECRÉTAIRE Aptitude verbale et aptitude d'acuité jointes à une motivation littéraire et administrative. La personnalité varie, mais est généralement calme et plutôt indépendante.

SECRÉTAIRE DE DIRECTION Aptitudes générales supérieures à la moyenne avec une très bonne aptitude verbale et numérique; personnalité rationnelle, calme et indépendante; motivation littéraire et administrative.

SECRÉTAIRE MÉDICALE Aptitude perceptive et aptitude d'acuité; motivation sociale et administrative, mais personnalité variable, bien que souvent calme et autoritaire.

SERRURIER Aptitude spatiale et technique jointes à une motivation sociale et à une personnalité variable.

SPÉCIALISTE DES ÉTUDES DE MARCHÉ Aptitude d'acuité et aptitude analytique jointes à une personnalité rationnelle, calme et indépendante ainsi qu'à une motivation administrative et orientée vers la recherche.

SPÉCIALISTE EN TÉLÉCOMMUNICATIONS Aptitude numérique et technique et une personnalité rationnelle, souvent énergique et grégaire; motivation pratique.

STEWARD Aptitudes variables jointes à une personnalité SEDG; motivation pratique et sociale.

STYLISTE Aptitudes supérieures à la moyenne, souvent spatiale; personnalité indépendante et sensible jointe à une motivation créative.

TAPISSIER (MUR/AMEUBLEMENT) Aptitude spatiale jointe à une personnalité souvent calme et indépendante et à une motivation pratique.

TAXATEUR Aptitudes (une spécialisation numérique est utile) supérieures à la moyenne; personnalité RCDI et motivation pratique et administrative.

TECHNICIEN Aptitude numérique et technique supérieures à la moyenne jointes à une personnalité indépendante et rationnelle ainsi qu'à une motivation pratique.

THÉRAPEUTE Aptitudes supérieures à la moyenne jointes à une personnalité sensible, calme, autoritaire et grégaire ainsi qu'à une motivation sociale et orientée vers la recherche.

TÔLIER INDUSTRIEL Aptitude spatiale et technique, personnalité variable dépendant du genre d'entreprise et motivation pratique.

TRADUCTEUR Aptitude verbale et aptitude d'acuité; personnalité variable (mais souvent sensible, calme et indépendante); motivation littéraire et administrative.

TRAITEUR Aptitudes variables (surtout spatiale et technique); personnalité souvent calme et indépendante jointe à une motivation créative et administrative.

TRÉSORIER Aptitude numérique et aptitude d'acuité supérieures à la moyenne; personnalité variable dépendant du secteur concerné jointe à une motivation administrative et parfois manager. Exige généralement une formation spécialisée de comptable.

VENDEUR Aptitude verbale jointe à une personnalité grégaire ainsi qu'à une motivation sociale et manager.

VÉTÉRINAIRE Aptitudes supérieures à la moyenne; personnalité indépendante et plutôt sensible associée à une motivation manager et orientée vers la recherche.

VITRIER Aptitude technique jointe à une personnalité souvent rationnelle et indépendante et à une motivation pratique.